Hartmut Schustereit

•

Der Forschungsfreiheit eine Gasse!

Zur Kontroverse
um eine selbstbestimmte Militärgeschichtsschreibung

HARTMUT SCHUSTEREIT

Der Forschungsfreiheit eine Gasse!

Erfahrungsbericht

Zur Kontroverse
um eine selbstbestimmte Militärgeschichtsschreibung

Bibliografische Information der Deutschen Nationalbibliothek

Die Deutsche Nationalbibliothek verzeichnet diese Publikation in der Deutschen Nationalbibliografie; detaillierte bibliografische Daten sind im Internet über http://dnb.d-nb.de abrufbar.

© Frieling-Verlag Berlin • Eine Marke der Frieling & Huffmann GmbH & Co. KG

Rheinstraße 46, 12161 Berlin

Telefon: 0 30 / 76 69 99-0

www.frieling.de

ISBN 978-3-8280-3516-4

1. Auflage 2020

Umschlaggestaltung: Michael Beautemps

Sämtliche Rechte vorbehalten

Printed in Germany

Inhalt

I. Der Angriff auf die Sowjetunion 1941: Weder „Präventivschlag" noch „Überfall"

I.1. Vorbemerkung

Die objektive und daher sachlich angemessene Bezeichnung für diese historische Tatsache lautet „Angriff". Dennoch wird sie, je nach der subjektiven Grundauffassung des jeweiligen Autors, entweder durch „Präventivschlag" oder durch „Überfall" ersetzt.

Beide Ausdrücke sagen zwar inhaltlich dasselbe aus, nämlich Eröffnung eines Krieges, ohne daß dieser vorher erklärt worden ist, unterscheiden sich jedoch in ihrer Bewertung. „Präventivschlag" wird mit der Behauptung gerechtfertigt, durch ihn sei Hitler dem Angriff Stalins zuvorgekommen, und wird daher positiv gesehen. „Überfall" drückt mit der gegenteiligen Behauptung, Stalin habe keinen Krieg gegen das Dritte Reich führen wollen, sondern sei grundlos angegriffen worden, Negatives aus.

Ebenso wie ein Präventivschlag ist auch ein Überfall ein unerklärter Angriffskrieg. Deswegen ist es sachlich unhaltbar zu sagen: Es war kein Präventivschlag, sondern ein Überfall. Würden nämlich diese beiden Ausdrücke durch das ersetzt, was sie gemeinsam beinhalten, müßte es heißen: Es war kein unerklärter Angriffskrieg, sondern ein unerklärter Angriffskrieg.

Dies ist so offenkundig widersinnig, daß es nur dann behauptet werden kann, wenn es nicht darum geht, eine historische Wahrheit festzustellen, sondern darum, unbeirrt durch diese, die eigene Meinung als allein richtig gelten zu lassen. – Auch dieser Punkt hat bei den Ereignissen, die im folgenden geschildert werden, eine Rolle gespielt.

Alles hat sich vor mehreren Jahrzehnten zugetragen. Da die Mehrzahl der damals Verantwortlichen inzwischen verstorben ist, geht es nicht um eine posthume Abrechnung[1], sondern um die Darstellung von Vorgängen, durch die deutlich wird, wie wieder einmal um – und gegen! – die Freiheit der Wissenschaft gestritten worden ist. Es handelt sich also um einen Beitrag zur Wissenschaftsgeschichte.

I.2. Die ursprünglichen konzeptionellen Überlegungen

Nach meinem Eintritt in das Militärgeschichtliche Forschungsamt (MGFA)[2] wurde ich einem Team zugeteilt, das in einem auf zehn Bände angelegten Großprojekt unter dem Gesamttitel „Das Deutsche Reich und der Zweite Weltkrieg" dessen militärische Abläufe erarbeiten sollte.

Über eine Konzeption für das Gesamtprojekt war schon seit Jahrzehnten diskutiert worden. Bereits in der ersten Hälfte der 1960er Jahre war ein vom MGFA vorgelegter Bericht höhererseits gebilligt worden. Zu den Grundzügen des in ihm entwickelten Konzeptes gehörte es, den Anteil Deutschlands am Zweiten Weltkrieg in das weltweite Geschehen ein-

---

1   Die Namen derjenigen, die – unbekümmert um die Rechts- und Sachlage – ihre politisch-ideologisch motivierte Sichtweise durchsetzen wollten, werden nur in Ausnahmefällen genannt, es sei denn, es handelt sich um wegen ihrer Funktion so bekannte Mitarbeiter wie den Leitenden Historiker Messerschmidt oder den Projektleiter Deist.

2   Es war damals in Freiburg i. Br. stationiert. Es ist eine Zentrale Militärische Dienststelle, die von einem Amtchef, einem Offizier mit abgeschlossenem Hochschulstudium, geführt wird. Den Kern bildeten die wissenschaftlichen Mitarbeiter mit einem „Leitenden Historiker" (damals Manfred Messerschmidt). Sie hatten wissenschaftliche Arbeitsaufträge durchzuführen, entweder als Monographie oder – bei besonders umfangreichen Themen – als selbständige Arbeit im Rahmen einer Arbeitsgruppe, von denen mehrere zu einer Projektgruppe zusammengefaßt waren. Von einer solchen war das Vorhaben „Das Deutsche Reich und der Zweite Weltkrieg" (damaliger Projektgruppenleiter: Wilhelm Deist) zu erarbeiten.

zuordnen sowie alle Elemente miteinzubeziehen, die für die deutsche militärische Kriegführung wesentlich gewesen waren.

Da es sich um eine deutsche Militärgeschichte im Zweiten Weltkrieg handeln sollte, lagen die konzeptionellen Schwerpunkte auf der Darstellung der – auf die Gesamtkriegführung bezogenen – Operationen und sogenannten „historischen Gegenstände". Mit ihnen waren Sachverhalte gemeint, die bei „Operationen" nicht erfaßt wurden, jedoch für das historische Verständnis wesentlich waren. Außerdem sollte die deutsche Gesamtkriegführung als Problem der obersten – nicht nur militärischen – Führung abgehandelt werden. Dabei ging es um die Motive, Zielsetzungen und Bedingtheiten, unter denen sie den Krieg geführt hatte.

Diese „historischen Gegenstände" sollten deswegen gebracht werden, weil eine bloße Operationsgeschichte das Kriegsgeschehen nur unzulänglich widergegeben hätte. Militärische Führung im strategischen, operativen und taktischen Sinne wurde als nur eine Seite des militärischen Wesens gesehen; denn dieses wurde auch in Auswirkungen des Krieges auf z. B. rechtlichem, wirtschaftlichem und ideologischem Gebiet deutlich, von denen keines in einem unmittelbaren Zusammenhang mit einer bestimmten Operation stand. Daher waren sie ebenfalls zu erarbeiten.

Doch dann erfolgte der entscheidende qualitative Umschlag.

Die sich daraufhin ergebenden Streitigkeiten ergaben sich vor allem aus dem entscheidend wichtigen methodologischen Problem, daß die grundlegende gedankliche Klärung über Möglichkeiten und Grenzen von Teamarbeit[3] vollständig unterblieben war. Auch wenn sich diese ausschlaggebende Unterlassung ohne weiteres aus dem Theoriedefizit des Projektleiters und ebenso des Leitenden Historikers erklärte, so führte sie doch zu vielen schwerwiegenden Differenzen.

Das andere, mindestens ebenso wesentliche Problem bestand darin,

---

3   Dazu grundsätzlich: Freie oder vereinheitlichte Veröffentlichung?, in: Schustereit, Vabanque, 1988, S. 131–152

daß das, was den Wesensgehalt von Militärgeschichte ausmacht, nicht hinreichend geklärt worden war und daher schwerwiegende Weiterungen bewirkte. Hinzu kam die Nichtbeachtung geltenden Verfassungsrechtes, die sich wegen vorhandener organisatorischer Mängel besonders nachteilig auswirkte. Durch diese ergaben sich wegen unklarer oder gar ganz fehlender Konzepte, die vor Beginn der Forschungsprojekte zu erarbeiten und schriftlich festzulegen gewesen wären, gravierende Auffassungsunterschiede, die sich immer wieder in heftigen Auseinandersetzungen entluden.

Was die unbotmäßig Andersdenkenden erwartete, ließ die Grundauffassung des Leitenden Historikers erkennen, die er bereits in der von ihm verfaßten Einleitung zum ersten Band der Weltkriegsreihe mit Verbindlichkeit für alle Bände vorgegeben hatte.

Vor allem der Krieg gegen die Sowjetunion sollte besonders intensiv dargestellt werden, weil es hier „um die Verwirklichung der eigentlichen programmatischen Ziele Hitlers"[4] gegangen sei.

Besondere Bedeutung erhielt dieser Satz durch die doktrinäre Behauptung, daß bei Teamarbeit das Problem auftauche, „den Freiraum des einzelnen Autors" mit einem – angeblichen! – „Erfordernis, einen möglichst geschlossenen Band und am Ende ein möglichst in sich stimmiges Gesamtwerk vorzulegen"[5], in Einklang zu bringen.

Wohin die Maßnahmen, dies zu erreichen, geführt haben, wird dargelegt. Sie wurzeln in einer Meinung wie der, die Freiheit des Forschers wegen einer vermeintlichen Notwendigkeit, einen inhaltlich möglichst einheitlichen Band entstehen zu lassen, – rechtswidrig! – für einschränkbar zu halten. Jene ist – in so außerordentlichem Maße![6] – verfassungsrechtlich geschützt, daß dies sachlich nicht begründbar ist.

---

4 Das Deutsche Reich und der Zweite Weltkrieg, Bd. 1, Einleitung, S. 20

5 Ebd., S. 15

6 „Auch Mindermeinungen und Forschungsansätze, die sich als irrig oder fehlerhaft erweisen, sind vom Grundrecht der Forschungsfreiheit geschützt." So zum Urteil des Bundesverwaltungsgerichtes – BVerwG 6 C 5.95 vom 11.12.1996 –

I.3.   Eine neue Konzeption

Nach seiner Ernennung zum Leitenden Historiker brachte Manfred Messerschmidt die Grundgedanken, die ungefähr ein Jahrzehnt lang die Konzeption für das gesamte Weltkriegswerk gebildet hatten, zu Fall. Nun bestimmte er die Richtung, in der geschrieben werden mußte bzw. sollte.

Zwar unterschied sich seine Auffassung unbeschadet anderer Formulierungen inhaltlich zunächst in manchem nicht von der bisherigen Konzeption, doch wollte er keine Militärgeschichte mehr geschrieben sehen. Probleme wie die Aufrüstung nach 1933, Krieg und Zusammenbruch bis hin zur Wiederbewaffnung nach 1945 (!) waren für ihn wichtiger als die Schilderungen einzelner Operationen.

Diese Grundlinie, die er mit allen Mitteln durchzusetzen versuchte, formulierte Messerschmidt so, daß „von Anfang an" an eine Militärgeschichte gedacht gewesen sei, „die sich nicht als hergebrachte, allein auf militärische Abläufe gerichtete Kriegsgeschichte versteht, sondern als eine Geschichte der Gesellschaft im Krieg."[7]

Gerade in den 1970er Jahren, in denen im MGFA die ersten Bände der Weltkriegsreihe erarbeitet wurden, wurden in Historikerkreisen die Inhalte von „Gesellschaftsgeschichte" intensiv erörtert. Daher wird zunächst auf diese grundsätzliche Diskussion eingegangen; dann wird an einem konkreten Einzelfall gezeigt, wohin die Forde-

---

Stegemann-Boehl, Stefanie: Stein der Weisen oder Steine statt Brot? Grundsatzentscheidung des Bundesverwaltungsgerichts zu Betrugsvorwürfen in der Wissenschaft, Frankfurter Allgemeine Zeitung, 7. Mai 1997, Nr. 105, S. N 2

7   Messerschmidt, Manfred, Das Deutsche Reich und der Zweite Weltkrieg, Bd. 1, Einleitung, S. 17. Das galt vor allem für ihn selbst und die ihm Gleichgesinnten, sonst nicht. Unbeschadet dessen trifft es zu, daß er diese Formulierung „programmatisch" gemeint hat. Wegner, Bernd: Kriegsgeschichte – Politische Geschichte – Gesellschaftsgeschichte, in: Rohwer, J. / Müller, H. (Hg.): Neue Forschungen zum Zweiten Weltkrieg, Koblenz 1990, S. 102.

rung nach Befolgung des gesellschaftsgeschichtlichen Ansatzes konkret geführt hat.[8]

Dessen prinzipielle Schwächen hat K. Hildebrand in seiner Auseinandersetzung mit H.-U. Wehler aufgezeigt.[9] „Gesellschaftsgeschichte", die „mehr als Sozialgeschichte oder politische Geschichtsschreibung sein" wolle, trete als „eine neue Integrationswissenschaft" auf, die danach trachte, alle Einzeldisziplinen der Geschichtswissenschaft „durch den Oktroi ihrer eignen Paradigmen zu bevormunden."[10] Dieser drücke sich darin aus, daß sie – unter Zuhilfenahme bestimmter Theorien – Geschichte als historische Sozialwissenschaft verstehe, wodurch sie deren bisherigen Wesensgehalt verändere.

Als solche betrieben, fordere sie den Primat über alle geschichtswissenschaftlichen Disziplinen. Diese sollten künftig – wobei sie „gesellschaftsgeschichtliche" Fragestellungen voll zu übernehmen hätten – „allein noch als Bestandteile der alles umfassenden und erklärenden ‚Gesellschaftsgeschichte'" existieren. Deren „Herrschaftsanspruch" artikuliere sich darin, „für alle [!] Zweige der Geschichtswissenschaft die einschlägigen Fragen verbindlich"[11] festlegen zu wollen. – Daraus ergab sich ohne weiteres, daß in dieser bisher üblich gewesene Ansätze als unergiebig galten.

Unter Hinweis auf den Auftrag[12] für die historische Sozialwissenschaft

---

8   Aus dem von K. Hildebrand vertretenen Standpunkt (vgl. die folgende Anm.) läßt sich schließen, aus welchen Gründen Messerschmidt amtsintern in keiner Weise auf dessen Argumente eingegangen ist. Entweder sind sie ihm unbekannt geblieben oder er hat von ihnen trotz Kenntnis nichts wissen wollen.

9   Hildebrand, Klaus, Geschichte oder „Gesellschaftsgeschichte"? Die Notwendigkeit einer politischen Geschichtsschreibung von den internationalen Beziehungen, HZ 223, 1976, S. 328–357. Dieser Beitrag wird auch wegen der zeitlichen Nähe dieser grundlegenden Auseinandersetzung zu den Vorgängen um den als Beispiel genannten Einzelfall herangezogen.

10   Ebd., S. 332

11   Ebd., S. 335

12   Auf diesen geht Hildebrand in einer fast ganzseitigen Fußnote ein; ebd., FN 22, S. 335 f.

wird Wehler mit seiner Auffassung zitiert, daß für sie die Marx'sche Theorie „als Forschungs- und Erklärungsstrategie [...] bisher schwerlich übertroffen worden' sei"[13].

Dem hält Hildebrand entgegen, daß sich Geschichtswissenschaft nicht damit begnügen könne, Geschichte vor allem als historische Sozialwissenschaft zu verstehen „und ihren Theoriebegriff bzw. ihre Theorien allein auf die ‚wahre Theorie' von Karl Marx zu reduzieren."[14] In jedem Teilbereich der Geschichte, auf den eine „gesellschaftsgeschichtliche" Theorie angewendet werde, werde im Ergebnis die jeweilige historische Realität unzulässig verformt. Die Geschichtswissenschaft werde gefährdet;[15] mehr noch, ein solches Verfahren bedeute letztlich, sie aufzugeben.

Das Problem liegt jedoch nicht einfach darin, daß es sich bei dieser Theorie um eine marxistische, sondern vor allem, daß es sich überhaupt um eine solche – also gleich welchen Inhalts – handelt. Mit *keiner* Theorie kann sich Vergangenem so angenähert werden, daß es hinreichend erfaßbar ist. Dies ergibt sich daraus, daß die der Geschichtswissenschaft angemessene Arbeitsmethode induktiv ist.

Bei einem wissenschaftlichen Fragen, das durch eine Theorie von vornherein einseitig in eine bestimmte Richtung gelenkt wird, ist es unmöglich, das mögliche Maß an Objektivität zu erreichen. Um dieses zu erlangen, muß – als unabdingbare Voraussetzung – die Pluralität der geschichtswissenschaftlichen Ansätze gegeben sein.

Daher wird der „Absolutheitsanspruch der ‚Gesellschaftsgeschichte', der durch die verordnete Einseitigkeit wissenschaftlichen Fragens garan-

---

13 Ebd.

14 Ebd., S. 337

15 Würde ein theoretisches, traditionell bekanntes, quellenbezogenes und individuelles Fragen, das dem jeweiligen Untersuchungsgegenstand angepaßt ist, „durch eine umfassend benutzte ‚gesellschaftsgeschichtliche Theorie'" ersetzt werden, könnte dies „den Bestand der Geschichtswissenschaft fundamental gefährden, da sie ein reduktionistisches Geschichtsverständnis favorisiert." Ebd., S. 340

tiert werden soll"[16], verworfen. Für jede wissenschaftlich akzeptierbare Geschichtsschreibung gilt nun einmal, daß „allein differenzierend gewählte, in engem Austausch mit dem historischen Material der Quellen gewonnene theoretische Ansätze ihren je spezifischen Forderungen gerecht werden und somit die ‚richtigen' Erkenntnisse vermitteln können."[17]

Dies trifft nicht nur für „Gesellschaftsgeschichte" insgesamt, sondern auch für eine Kriegsgesellschaftsgeschichte zu. Obwohl es sich daher um eine grundlegend wichtige Angelegenheit für die Arbeit der wissenschaftlichen Mitarbeiter auch dieser Forschungsinstitution handelte, unterblieb im MGFA wegen des bei fast allen von ihnen vorhandenen, durch ihr Theoriedefizit bedingten Desinteresses jegliche Diskussion.

Hätte sie stattgefunden, hätte sich die sachliche Unhaltbarkeit des allein zu gelten habenden gesellschaftsgeschichtlichen Ansatzes zweifelsfrei erwiesen. Dann hätte die bisherige, offiziell genehmigte und nicht aufgehobene Konzeption weiterhin gelten können, zumal da durch sie dem Schreiben einer Kriegsgeschichte alter Art bereits eine Absage erteilt worden war.

Doch darum ging es nicht mehr. Da keine deutsche Militärgeschichte mehr geschrieben werden sollte, erledigte der Leitende Historiker die bisherige tragfähige Konzeption durch die Festlegung darauf, daß eine „Geschichte der Gesellschaft im Krieg" zu verfassen war.

Jeder Versuch, ein derartiges Vorhaben zu verwirklichen, ist von vornherein auch deswegen zum Scheitern verurteilt, weil *die* Gesellschaft, d. h. diese in ihrer Gesamtheit, soziologisch nicht faßbar ist. Es können einzelne soziale Schichten oder Gruppen erforscht oder in Relation zueinander gesetzt werden, doch die gesellschaftliche Wirklichkeit insgesamt

---

16   Ebd., S. 356. Es gilt allerdings nicht nur für den Bereich der internationalen Beziehungen, sondern für *alle* Felder der Geschichtswissenschaft, daß eine „vergleichsweise allgemeine Gültigkeit beanspruchende und umfassende ‚wahre Theorie' der ‚Gesellschaftsgeschichte' nicht sinnvoll angewendet werden kann."

17   Ebd.

kann in keiner noch so weit angelegten Untersuchung vollständig erfaßt und dargestellt werden.

Obwohl diese Ansicht undurchführbar ist, haben die Wissenschaftsfunktionäre im MGFA gerade sie verwirklichen wollen. Denn trotz ihrer Unsinnigkeit besitzt sie für ihre Protagonisten einen unschätzbaren Vorteil: In einer (Kriegs-)Gesellschaftsgeschichte können alle beliebigen Themen untergebracht werden, also auch solche, die militärgeschichtliche Problematiken inhaltlich gar nicht berühren.[18] Darüber hinaus kann die Behandlung letzterer vernachlässigt werden oder ganz unterbleiben.

Mag seit den 1970er und 1980er Jahren in immer mehr Arbeiten „Krieg" noch so sehr „als ein gesamtgesellschaftliches Phänomen verstanden werden, in dem neben militärischen gleichermaßen politische und bürokratische, ökonomische und soziale Entwicklungsstränge"[19] gebündelt werden – diese alle können nicht zugleich abgehandelt werden. Es ist lediglich möglich, den Gegenstand der Untersuchung, der einem

---

18 So angebracht es ist, innerhalb einer Gesellschaftsgeschichte z. B. die propagandistische Beeinflussung der Bevölkerung auf „Krieg" darzustellen, so unangemessen ist die Behandlung dieses Themas im Rahmen einer Militärgeschichte, weil es nicht einmal in einem indirekten Bezug zu ihr steht. Die Indoktrinierung des Volkes wurde im konkreten Fall von der NSDAP und vielen ihrer Organisationen durchgeführt, nicht von der Wehrmacht.

19 Wegner, Kriegsgeschichte …, S. 102; hierbei hat es sein Bewenden. Wenn Wegner davon spricht, daß die Herausgeber der Weltkriegsreihe dem gewandelten Verständnis über Forschungsansätze durch Vorlegen einer „Geschichte der Gesellschaft im Kriege" Rechnung tragen wollen, zeigt er nur, daß er das Problem nicht erkannt hat. Dieser Ansatz, der wegen seines Absolutheitsanspruches keinen anderen gelten läßt, kann nicht als „Erweiterung der Forschungsansätze" verstanden werden. – Bezeichnenderweise läßt Wegner völlig die Problematik außer acht, die sich auf das Verhältnis von Kriegs- und Gesellschaftsgeschichte bezieht – so wie (der von ihm stillschweigend übergangene) Hildebrand es zwischen dieser und einer „politischen Geschichtsschreibung von den internationalen Beziehungen" grundlegend erörtert hat.

dieser Bereiche entstammt, als Hauptthema zu erarbeiten und ihn in weitere Zusammenhänge einzuordnen.[20]

Im übrigen dürfte es sich bei diesen Themen, „die einen evidenten Zusammenhang zwischen Kriegführung und regimetypischem Herrschaftshandeln erkennen lassen"[21], weniger um eine gesellschafts- als vielmehr um eine inhaltlich erweiterte militärgeschichtliche Sichtweise handeln, die – wie dargelegt – „historische Gegenstände" betrachtet. Eine alle gesellschaftlich wichtigen Bereiche zugleich erfassende Darstellung ist nun einmal nicht möglich.

Weitere Autoren, die ebenfalls weder die grundsätzliche Bedeutung der Problematik als solche erfaßt noch die Tragweite des Vorhabens Messerschmidts erkannt hatten, hoben einen anderen „Perspektivenwechsel" um so mehr hervor. Dieser hatte sich bereits ungefähr anderthalb Jahrzehnte vor den hier abgehandelten Vorgängen dadurch vorzubereiten begonnen, daß die Ansicht über eine durch und durch makellose Wehrmacht immer mehr bezweifelt wurde. An der Schaffung der daraus folgenden, grundlegend veränderten Sichtweise war, wie betont wurde, u. a. Messerschmidt wesentlich beteiligt.[22] Außerdem seien von diesem „wesentliche Impulse für ein neues Verständnis der militärgeschichtlichen Arbeit überhaupt" ausge-

---

20 Zu den wichtigsten Aufgaben des Staates gehört es, das Volk insgesamt ausreichend mit Nahrungsmitteln zu versorgen. Ist dies für die Truppe gewährleistet, ist es militärhistorisch unerheblich, wie es geschehen ist. Dies ändert sich erst dann, wenn die Zivilbevölkerung unzulänglich versorgt wird und wenn sich daraus Schwierigkeiten ergeben, die sich auch auf die Truppe auswirken können.

21 Wegner, Kriegsgeschichte …, S. 103.

22 „Gegen die westdeutschen, Mitverantwortung und -schuld an den Verbrechen des Hitlerregimes verdrängenden oder ignorierenden Perspektiven haben seit dem Ende der 1960er Jahre vor allem Manfred Messerschmidt […] und Klaus-Jürgen Müller […] in zahlreichen, detaillierten Studien argumentiert". Messerschmidt habe „die Vorstellung von einer angeblich eigenständigen, unpolitischen Rolle der Wehrmacht im NS-Staat" angegriffen „und die tiefe Verstrickung in den Unrechtsstaat" belegt. Kißener, Michael, Das Dritte Reich, Darmstadt 2005, S. 54 f.

gangen; dabei wurde – wortwörtlich übernommen – auf dessen zentrales Anliegen hingewiesen, wie Militärgeschichte verstanden werden müsse.

Die Verschiebung von der Militär- zur Gesellschaftsgeschichtsschreibung konnte letztlich deswegen erreicht werden, weil im MGFA zu keinem Zeitpunkt eine gedanklich umfassende theoretische Klärung dessen erfolgt war, was „Militärgeschichte" beinhaltete und was nicht. Es gab weder einen Positivkatalog derjenigen Themen, die zweifelsfrei in ihren Bereich gehörten, noch war sie – obwohl sie ein Zweig der allgemeinen Geschichtswissenschaft sein sollte – hinreichend gegen die Inhalte der anderen historischen Teildisziplinen abgegrenzt worden.

Wäre eine solide theoretische Grundlage für militärhistorisches Arbeiten beizeiten entwickelt und zur Geltung gebracht worden, hätte der Versuch, Militär- durch Gesellschaftsgeschichtsschreibung zu ersetzen, nachgewiesen und unterbunden werden können. So jedoch standen sich nur zwei konzeptionelle Ansichten gegenüber. Die sachlich angemessene unterlag der anderen vor allem deswegen, weil diese wegen der damaligen amtsinternen Machtverhältnisse durchgesetzt werden konnte.

Wie nachteilig sich die Doktrin, deren Durchsetzung Messerschmidt ständig zu erzwingen versuchte, auf die wissenschaftliche Arbeit im MGFA auswirkte, erfuhr man bald.

Obwohl höchstrichterliche Urteile zugunsten der Meinungsfreiheit gefällt worden sind,[23] wurden diese durch das Treiben des Leitenden Historikers und weiterer Wissenschaftsfunktionäre wiederholt auf das gröblichste verletzt.

Die grundsätzliche Gefährdung der Freiheit der Wissenschaft zeigt sich beispielhaft an Vorgängen, die sich bei der Erarbeitung eines Sammelbandes über den deutsch-sowjetischen Krieg[24] („Unternehmen Barbarossa")

---

23 Bundesverfassungsgericht, Urteil vom 29. Mai 1973, NJW 1973, S. 1176; außerdem: Bundesverfassungsgericht, Beschluß des Ersten Senats vom 11. Januar 1994 – 1 BvR 434/87 – BVerfGE Bd. 90, Nr. 1

24 Das Deutsche Reich und der Zweite Weltkrieg, Bd. 4, herausgegeben vom Militärgeschichtlichen Forschungsamt, Der Angriff auf die Sowjetunion, Stuttgart

im MGFA zugetragen haben. Ich hatte die Rüstungsmaßnahmen zu erarbeiten. –

Doch zunächst einige Ausführungen zu Sachverhalten, die ich vorweg berichte, obwohl ich sie oft sehr viel später und auch nur zufällig erfahren habe. Ich tue dies, weil erst ihre Kenntnis viele der zu schildernden Vorgänge ganz verständlich macht.

Zwischen den älteren und jüngeren wissenschaftlichen Mitarbeitern auch an diesem Band bestand ein zeitlicher Abstand von gut einem dreiviertel Jahrzehnt. Von jenen hatten alle die Zeit des Dritten Reiches miterlebt. Deren jüngster gehörte dem Jahrgang 1930 an; die älteren waren im Weltkrieg Soldaten gewesen.

Die Angehörigen der beiden Altersgruppen wahrten eine gewisse Distanz zueinander, die ich mir sehr lange nicht zu erklären vermochte. Mir fiel nur auf, daß jene auch in privaten Gesprächen mit uns Jüngeren niemals über ihre Zeit vor 1945 sprachen.

Das Team IV bestand aus zunächst nur drei Mitarbeitern. Dessen Leiter hatte bereits 1941 am Krieg gegen die Sowjetunion teilgenommen, jedoch nicht als Soldat der Wehrmacht, sondern als Angehöriger der Waffen-SS, genauer gesagt der „Leibstandarte Adolf Hitler" (LAH). Das lag insofern nahe, als seine Mutter als NS-Reichsfrauenleiterin dem engsten Führungsreis um Hitler angehört hatte. Er besaß dem Vernehmen nach den Dienstgrad eines Scharführers.[25]

Wie war es möglich, daß ausgerechnet dieser Beamte das Team mit einem derartig hochbrisanten Thema zu leiten hatte?

Vermutlich deswegen, weil dies der obersten Dienstbehörde nicht bekannt gewesen ist, und zwar aus folgendem Grunde nicht: Beim Aufbau der Bundewehr wurden alle Soldaten der Wehrmacht durch einen Personalgutachterausschuß (PGA) auf ihre Eignung für den Dienst in

---

1983. Die Dokumente, auf denen die Darstellung beruht, befinden sich im MGFA (was allerdings nichts über deren Auffindbarkeit dort besagt) sowie in meinem Besitz.

25   Er entsprach dem des Gefreiten in der Wehrmacht.

den neuen Streitkräften überprüft. Jemand, der weiterhin nationalsozialistischem Gedankengut verhaftet war und die freiheitlich-demokratische Grundordnung nicht vorbehaltlos bejahte, wurde nicht übernommen.

Eine Institution, die dem PGA vergleichbar gewesen wäre, gab es für die zivilen Mitarbeiter der Bundeswehr, d. h. für die Angehörigen der Bundeswehrverwaltung (BWV), nicht. Sie gehörten, rechtlich gesehen, nicht zu den Streitkräften, sondern zur zivilen Staatsverwaltung. Jeder Bewerber konnte ungeprüft eingestellt werden.

Bei der Einsetzung gerade dieses Beamten als Teamleiter könnte es mitentscheidend gewesen sein, daß er mit seiner Promotion über die Panzerschlacht bei Kursk 1943 nicht nur fachlich ausgewiesen war, sondern daß mit Blick auf den wissenschaftlichen Betreuer seiner Arbeit niemand etwas vermutete – war sein Doktorvater doch Professor Rothfes.

Als er, eigener Darstellung zufolge, diesem jüdischen Wissenschaftler seine militärische Zugehörigkeit mitgeteilt habe, habe ihm dieser geantwortet: Wenn er immer anständig geblieben sei und sich nie an einem Vergehen oder Verbrechen beteiligt habe, nehme er ihn als Doktoranden an.

Ich kann jedoch nicht ausschließen, daß dem Leitenden Historiker und dem Projektleiter die militärische Vergangenheit des Teamleiters bekannt gewesen ist.

Das Schweigen des letzteren erkläre ich mir aus folgendem Grund: Eines Tages erzählte mir jemand, daß sein Vater als Oberst- oder Generalarzt der Wehrmacht aktiv an nationalsozialistischen Verbrechen beteiligt gewesen war, und zwar auf dem Gebiet der Euthanasie. Ich wurde darauf aufmerksam gemacht, daß im Bundesarchiv-Militärarchiv in Freiburg/Br. etliche umfangreiche Faszikel vorhanden waren, aus denen dessen Schuld zweifelsfrei beweisbar war. – Ob ich nicht einen Aufsatz verfassen wolle?

Durch die Publikation einer solchen Abhandlung hätte ich den Projektleiter auf die für ihn schlimmste Weise treffen können. Ich unterließ es, weil er nicht für die Handlungen seines Vaters verantwortlich war.

Selbst über den Leitenden Historiker[26] wurde mit Blick darauf, daß er der Vorsitzende einer Organisation war, die sich für die Errichtung eines Denkmals für den „Unbekannten Deserteur" einsetzte, einiges gemunkelt …

Das anzunehmende gegenseitige Wissen um diese Dinge dürfte das gemeinsame Schweigen über sie leicht erklären.

Unbeschadet der Altersunterschiede standen sich die wissenschaftlichen Mitarbeiter in zwei weltanschaulich unversöhnlichen Lagern gegenüber. Alle diejenigen, die die „Progressiven" nicht zu den ihren zählten, nannten sie „Goldfasane", während sie selbst als die Angehörigen der „Roten Zelle Militärgeschichte" (RoZMilG) bezeichnet wurden – ein Ausdruck, der bald auch von außen auf das MGFA insgesamt angewendet wurde, sehr zum Schaden für seine fachliche Reputation.

Wie es in ihm um seine Atmosphäre insgesamt bestellt war, zeigte sich beispielsweise an der Beteiligung am Betriebsausflug. An ihm nahmen, als ich in das Amt eintrat, zwischen 96 % und 98 % der Amtsangehörigen teil. Wenn es weniger – aber immer noch über 90 % – waren, wurde bereits besorgt gefragt, ob etwas nicht mehr in Ordnung sei. – Zwanzig Jahre später lag die Beteiligung bei 15 %.

Die Auseinandersetzungen, die in zwei Gerichtsprozessen gipfelten, ohne damit bereits ihr Ende gefunden zu haben, begannen scheinbar harmlos. Es ging vordergründig darum, wie in den offiziellen Publikationen des Amtes slawische Wörter, die nach dem kyrillischen Alphabet geschrieben werden, in lateinischer Schrift wiederzugeben waren.

---

26 Wie bissig oder ironisch es zugehen konnte, zeigte sich bei der Diskussion über die Abkürzung „Ltd Hist" für diesen Dienstposten. Es wurde darauf aufmerksam gemacht, daß im Englischen „ltd." – oft in Verbindung mit „company" – „beschränkt" bedeutet. Und nun ein „Ltd Hist" = „limited historian"?! Die offizielle Abkürzung lautet „LHist".

I.4.   Der Zwist um Ortsnamensbenennungen

Ungefähr ein dreiviertel Jahr vor Beginn der diesbezüglichen Auseinandersetzung hatte die Schriftleitung des MGFA auf eine entsprechende Anfrage eine Antwort vom Bundesminister für innerdeutsche Beziehungen erhalten. Dieser bezeichnete es als unzutreffend, daß sich in seinem Hause „Richtlinien über die Schreibung von Ortsnamen in den ehemaligen deutschen Ostgebieten befinden." – Als „deutsches Reichsgebiet" sei nach der früher geltenden Regelung das Gebiet des Deutschen Reiches in den Grenzen vom 31. Dezember 1937 bezeichnet worden. Die innerhalb dieser liegenden Orte seien mit ihren deutschen Namen wiedergegeben worden.

Die Richtlinien, die 1965[27] für die Bezeichnung Deutschlands und der in ihm gelegenen Orte erlassen worden waren, wurden 1971 durch Beschluß des Bundeskabinetts[28] ersatzlos aufgehoben. Die Bezeichnung der betreffenden Orte, die nunmehr „freigestellt" war, würde – wie z. B. auf Karten – „normalerweise" sowohl fremd- als auch deutschsprachig erfolgen.

Obwohl diese Regelungen für aktuelles und künftiges politisches Handeln gedacht waren, sollten sie für die amtliche Militärgeschichtsschreibung verbindlich gemacht werden. Dies geschah nicht etwa auf Weisung vorgesetzter Dienststellen (diese wußten gar nichts davon), sondern es wurde amtsintern durch den Projektleiter Deist, noch dazu auf intrigante Weise, durchzusetzen versucht.

Um sein Vorhaben zu verwirklichen, ohne dabei als dessen Initiator erkannt zu werden, ließ Deist seine Urheberschaft niemanden wissen. Stillschweigend bediente er sich eines Mitarbeiters, der damals nicht einmal zu seiner Projektgruppe gehörte. Er veranlaßte ihn, „Überlegungen

---

27   Unter der Bundesregierung aus CDU/CSU und FDP, zuständiger Minister: Erich Mende, FDP

28   Bundesregierung aus SPD und FDP, zuständiger Minister: Egon Franke, SPD

zur Übertragung slawischer Wörter aus der kyrillischen in lateinische Schrift (in den Publikationen des MGFA)" zu erarbeiten.

Der von ihm Beauftragte konnte nicht ahnen, worauf er sich eingelassen hatte. Die sachlich berechtigte Frage, wie Wörter aus slawischen Sprachen transliteriert werden sollten, wurde nämlich sogleich mit einer anderen verquickt, die mit dieser gar nichts zu tun hatte. Es sollte nämlich festgelegt werden, wie Orte, die in von der Sowjetunion im Zweiten Weltkrieg eroberten oder besetzten Ländern lagen, zu benennen waren.

Zu diesem Zweck sollten die Bände der Weltkriegsreihe, die die Ereignisse in Osteuropa „(im heutigen ‚Ostblock')" behandelten, ein Ortsnamensverzeichnis erhalten. Die im Text erwähnten Orte waren mit den gebräuchlichsten ihrer Varianten zu nennen. Diejenigen von ihnen, die während des Zweiten Weltkrieges mehrere Namen getragen hatten, sollten im allgemeinen „mit dem jeweils aktuellen Namen aufgeführt" werden.

Die Begründung hierfür mutete nicht nur weltfremd, sondern geradezu einfältig an: Ausgerechnet „der Leser im Ostblock" solle „mit westlicher historischer Literatur ohne unnötige Schwierigkeiten umgehen können." – Als ob diese Literatur im damaligen sowjetrussischen Machtbereich frei zugänglich (oder überhaupt erhältlich) gewesen wäre!

Wird außerdem berücksichtigt, daß selbst in offiziellen sowjetrussischen Darstellungen zur Geschichte des Zweiten Weltkrieges ostdeutsche Ortsnamen deutsch[29] wiedergegeben werden, wirkte die Forderung nach deren „aktueller" Schreibweise noch unangemessener als bis dahin schon.

Die angestrebte Regelung, dienstlich – und damit für die Mitarbeiter des MGFA verbindlich! – festzulegen, daß die Namen insbesondere ostdeutscher Orte „– zumindest im Register – zweisprachig" aufgeführt wurden, veranlaßte mich als einen der Mitarbeiter an dem Band, in dem Vorgeschichte und Anfangsphase des Ostkrieges abgehandelt werden sollten, zu einer Stellungnahme.

---

29   Also, um ein beliebiges Beispiel zu nennen, Tilsit, nicht Тильзим.

Einleitend wies ich darauf hin, daß die „Überlegungen" nicht nur eine Sachfrage, sondern auch ein politisches Problem beinhalteten. Ich ging davon aus, daß es nach der damaligen Rechtslage keine „ehemaligen" deutschen Ostgebiete gab, sondern nach wie vor die Ostgebiete des Deutschen Reiches. Denn in der Gemeinsamen Entschließung des Deutschen Bundestages vom 17. Mai 1972 hatte es bezüglich der von ihm an diesem Tage verabschiedeten Verträge mit der Sowjetunion und Polen geheißen: Sie „nehmen eine friedensstaatliche Regelung für Deutschland nicht vorweg und schaffen keine Rechtsgrundlage für die heute bestehenden Grenzen." Diese rechtsverbindlichen Festlegungen beruhten auf dem Wiedervereinigungsgebot des Grundgesetzes, zu dem es in dessen Präambel hieß: „Das gesamte Deutsche Volk bleibt aufgefordert, in freier Selbstbestimmung die Einheit und Freiheit Deutschlands zu vollenden."

Dann wurde auf Feststellungen des Bundesverfassungsgerichtes vom 31. Juli 1972 hingewiesen: „Das deutsche Reich existiert fort. [...] Kein Verfassungsorgan der Bundesrepublik Deutschland darf die Wiederherstellung der staatlichen Einheit aufgeben, alle Verfassungsorgane sind verpflichtet, in ihrer Politik auf die Erreichung dieses Zieles hinzuwirken – das schließt die Forderung ein, den Wiedervereinigungsanspruch im Innern wachzuhalten und nach außen beharrlich zu vertreten – und alles zu unterlassen, was die Wiedervereinigung vereiteln würde."

Hieraus folgerte ich, daß alle diese rechtlichen Bestimmungen für das MGFA, das organisatorisch zum Bundesminister der Verteidigung als einem Verfassungsorgan gehört, vorbehaltlos galten. Im übrigen ließen sie sich mit dem wissenschaftlichen Charakter des MGFA problemlos vereinbaren, weil die in Artikel 5 Abs. 3 GG garantierte Freiheit von Forschung und Lehre bestimmt, daß letztere nicht von der Treue zur Verfassung entbindet. Dieser Rechtsstandpunkt führte mich als Kritiker der „Überlegungen" zu dem für mich zweifelsfreien Ergebnis, „daß die Namen aller Orte innerhalb des deutschen Reichsgebietes in den Grenzen von 1937 deutsch wiederzugeben sind." Als Konsequenz ergab sich für mich die rechtliche Unvertretbarkeit der Zweisprachigkeit im Ortsnamensregister.

Mein hierauf beruhender Gegenvorschlag zu den „Überlegungen" beinhaltete, alle Orte – außer denen auf dem Gebiet Deutschlands in den Grenzen von 1937 – bis zum Ende des Zweiten Weltkrieges in der jeweiligen Landessprache zu bringen. Mit Blick auf das Schicksal der baltischen Staaten hielt ich es für unzweckmäßig, die Orte auf ihrem Gebiet in der Zeit zwischen 1937 und 1945 nach der jeweiligen Staatszugehörigkeit zu benennen.[30] Außerdem sollten für die Orte auf dem deutschen Reichsgebiet in den Grenzen von 1937, die nach dem Kriege unter sowjetische bzw. polnische Verwaltung gekommen und umbenannt worden waren, ausschließlich die deutschen Ortsnamen verwendet werden.

Zwar wurde mir in dem überarbeiteten und umbenannten Vorschlag[31] zugestimmt, im darstellenden Text alle Orte jetzt „grundsätzlich mit dem zum jeweiligen Zeitpunkt gebräuchlichen Namen" zu bezeichnen, „was für die baltischen Staaten und für die sowjetisch annektierten rumänischen Landesteile Bedeutung hat", doch das Hauptproblem (Zweisprachigkeit oder nicht) blieb ungelöst. Es wurde nur in das Ortsnamensverzeichnis verlagert, in dem jeder Ort wie bisher mit allen seinen variierenden Schreibweisen genannt werden sollte. Zudem sollte dieses Verzeichnis einen Anhang erhalten, „in dem die im Text genannten ostdeutschen Orte auch mit dem Namen erscheinen, den sie heute tragen."

Die unmittelbar folgenden Ausführungen, die offenbar beschwichtigend wirken sollten,[32] vermochten jedoch nicht, die Brisanz des Problems

---

30 Deren Regierungen haben die Okkupation durch die Sowjetunion nie anerkannt.

31 Sie hießen jetzt „Richtlinien für die Transliteration von Eigennamen in kyrillischer Schrift (überarbeiteter Vorschlag)".

32 „Mit einem einleitenden Satz muß dabei deutlich gemacht werden, daß es sich hierbei lediglich um ein *Entgegenkommen dem heterogenen Leserkreis gegenüber* handelt, und nicht etwa um die vorweggenommene Lösung eines politischen Problems."

zu überdecken. Denn auch der überarbeitete „Vorschlag" war unbeschadet der von mir dargelegten Rechtslage nur formal, nicht substantiell verändert worden. Da dessen Verfasser bei seiner ursprünglichen, für ihn unverändert verbindlichen Position geblieben war, ließ ich ihn meinen Eindruck wissen, daß er einen Standpunkt vertrete, mit dem er sich aktiv in klaren Widerspruch zum rechtsverbindlichen und damit auch ihn verpflichtenden Spruch des Bundesverfassungsgerichtes vom 31. Juli 1973 setze. Daher bat ich ihn um eine schriftliche Antwort, ob er auf seinem Standpunkt beharren oder sich dem meinigen anschließen wolle.

Nun begann die Auseinandersetzung zu eskalieren. Hatte sie sich bisher nur zwischen uns beiden Kontrahenten abgespielt, wandte sich der kritisierte Verfasser jetzt an den Leitenden Historiker. Dieser teilte mir zunächst mit, daß der Verfasser „die von ihm unkritisch übernommene Formulierung ‚ehemalige deutsche Ostgebiete' richtiggestellt und dabei deutlich gemacht [hat], daß er mit dieser Begriffswahl nicht eine abweichende persönliche Rechtsauffassung zur freien Selbstbestimmung des deutschen Volkes über die Einheit und Freiheit Deutschlands impliziert hat." In der Sache hatte sich für den Verfasser jedoch nichts geändert.[33] Abschließend bat mich der Leitende Historiker, meinen „Vorwurf verfassungswidrigen Verhaltens" gegen den Verfasser zurückzunehmen.

Da ich lediglich einen *Eindruck* geäußert hatte, verwahrte ich mich in meiner Antwort gegen die Unterstellung, einen derartigen *Vorwurf* erhoben zu haben. Ich hatte dem Verfasser nirgendwo eine politische Absicht unterstellt, sondern die Möglichkeit gesehen, daß durch die Verschiedensprachigkeit der Namen ostdeutscher Orte im Register „dies –

---

33 „Er bleibt jedoch bei seinem Vorschlag, die Ortsnamen der beiden Besatzungsgebiete, soweit sie im Text erscheinen, im Register *sowohl* mit dem deutschen *als auch* mit dem heutigen russischen bzw. polnischen Namen aufzuführen, d. h., er hält es für nicht angebracht, die Namen ostdeutscher Städte ‚durch z. B. russische Namen zu ersetzen' (Zitat aus Ihrem [i. e. meinem] Schreiben Bezug 1.)." – Welch bemerkenswerte Verdrehung des Sachverhaltes: Als ob dies nicht die Absicht des Verfassers, sondern meine gewesen wäre!

selbst wenn es vom Verfasser nicht beabsichtigt ist – von anderer Seite als ein Symbol für den Verzicht auf Rechtsansprüche verstanden wird. Um diesen Anschein zu vermeiden, sind die Namen der ostdeutschen Orte einsprachig deutsch wiederzugeben."

Das unveränderte Beharren des Verfassers auf der zweisprachigen Schreibweise der Ortsnamen veranlaßte mich zu der Äußerung, daß sich meine bisherige bloße, von mir zu keinerlei Vorwurf erhöhte Vermutung nicht ganz auszuschließender verfassungsrechtlich bedenklicher Ansichten nunmehr zu einem konkreten Verdacht erhärtet habe. Dieser könne jedoch ohne weiteres durch Einnahme meines an geltendem Recht orientierten Standpunktes entkräftet werden.

Die unzulängliche Antwort des Leitenden Historikers[34] veranlaßte mich, den Vorgang dem Amtschef zu melden. Ich verwies auf den unüberbrückbaren Gegensatz, der wegen der mehrsprachigen Schreibung der Namen der Orte in den unter fremder Verwaltung stehenden deutschen Ostgebieten zwischen dem Verfasser und mir bestand. Um jenen aufzuheben, beantragte ich, in dieser Frage eine für das MGFA verbindliche Entscheidung zu treffen. Daraufhin bat der Amtschef den Leitenden Historiker, unter Einschaltung des zuständigen Referates im Ministerium „die Frage der Schreibweise ostdeutscher Ortsnamen" zu klären.

Noch vor der Antwort des Amtschefs hatte mir der Verfasser umfangreiche Ausführungen übermittelt,[35] von denen einige besonders aufschlußreich waren. So wurde zugegeben, daß das „Problem der Ortsnamen in den deutschen Ostgebieten wie der Ortsumbenennungen überhaupt [...] in der Tat mit der Frage, ob Transliteration oder Transkription, direkt nichts zu tun" hat. Dennoch: „Mittelbar" gehöre es wegen der Vielzahl von Ortsumbenennungen in Osteuropa seit Beginn des Zweiten Welt-

---

34   Dieser sprach nicht mehr von einem Vorwurf, den ich erhoben hätte, sondern sagte nur noch, daß ich einen solchen herausgelesen hätte.

35   Daß viele von ihnen Antworten auf Punkte enthielten, die von mir erst tags darauf (!) formuliert worden waren, ließ mich vermuten, daß sie vordatiert worden waren.

krieges durchaus zur Sache. Diese könnten in einem Geschichtswerk nicht auf beliebige Weise ihren Niederschlag finden, sondern bedürften „konsequenter historisch korrekter Berücksichtigung". „Unerheblich ist, ob die Umbenennungen nach bundesdeutscher Auffassung rechtens sind oder nicht." – Welch eine Einstellung angesichts der grundgesetzlichen Bestimmung, wonach die Freiheit der Lehre nicht von der Treue zur Verfassung entbindet!

Dann wurde auch noch der Grund ersichtlich, aus dem der Verfasser so intransigent die zweisprachige Schreibung der ostdeutschen Ortsnamen zu erreichen versuchte. Er betonte „nochmals", daß es ihm nicht darum gehe, sich mit seinen Vorstellungen durchzusetzen; es gehe ihm „einzig und allein um eine sinnvolle und zweckmäßige Hilfestellung für *jeden* Leser in *jedem* Land, und zwar auch noch in der ferneren Zukunft." – Sollte es bei dem Versuch, ein solches Ziel zu erreichen, keine Rolle mehr spielen, geltendes Verfassungsrecht zu respektieren?

Bei diesem Stand der Auseinandersetzung führte der Leitende Historiker ein Gespräch mit uns beiden Kontrahenten, in dem er abschließend von der „Basis des gemeinsamen Rechtsstandpunktes" sprach, von dem aus weitergearbeitet werden könne. Als er sagte, daß die Schreibweise der Namen der Orte in den unter fremder Verwaltung stehenden deutschen Ostgebiete von Fall zu Fall zweisprachig erfolgen sollte, fiel ihm der Verfasser mit der Bemerkung „konsequent zweisprachig" ins Wort. – Das sei, wie ersterer fortfuhr, jetzt kein rechtliches, sondern nur noch ein sachliches Problem.

Hieran anknüpfend stellte ich in Schreiben an den Amtschef und an den Leitenden Historiker fest, daß es keine rechtlichen Differenzen mehr zwischen dem Verfasser und mir gebe, weil – wie sich in diesem Gespräch ergeben habe – dieser nun ebenfalls den von mir vertretenen Rechtsstandpunkt einnehme. Daraus ergab sich für mich, daß mein seinerzeitiger Eindruck, der Verfasser vertrete einen rechtlich bedenklichen Standpunkt, der dem Spruch des Bundesverfassungsgerichtes vom 31.

Juli 1973 inhaltlich widerspreche, irrig gewesen sei; mein in diesem Zusammenhang geäußerter Eindruck sei gegenstandslos geworden. – Trotz dieser Klarstellung beharrten der Verfasser und der Leitende Historiker, der für diesen Partei ergriffen hatte, auf Rücknahme des angeblichen „Vorwurfes", wenn auch vergeblich.[36]

Über das Verhalten des Leitenden Historikers zur Bitte des Amtschefs um Klärung der Schreibweise ostdeutscher Ortsnamen verlautete lange Zeit nichts. Erst dreieinhalb Jahre später äußerte er sich wieder.

Als Grundlage für die Bestimmung der – als transliteriert nie bestrittenen – Schreibweisen von Ortsnamen, insbesondere im slawischen Sprachbereich, bezeichnete er die seinerzeit hierzu angestellten „Überlegungen".[37] Die Formulierung „Zweisprachigkeit der ostdeutschen Ortsnamen" (der damalige Hauptstreitpunkt) wurde zwar nicht mehr verwendet, doch die Sache, um die es gegangen war, klang immer noch an. Zunächst hieß es allerdings, daß in Text, Karten und Skizzen „der zu dem entsprechenden Zeitpunkt gültige Ortsname (staatsrechtliche Zugehörigkeit) in seiner transliterierten Schreibweise zu verwenden" sei, doch dann wurde es widersprüchlich.[38]

Dies war mit Blick auf das Ergebnis bedeutungslos. Der Leitende Hi-

---

36 Deswegen kam es zu dienststelleninternen Weiterungen. Diese können hier außer acht bleiben, weil sie zur Klärung der Streitfrage um die ein- oder zweisprachige Schreibweise ostdeutscher Ortsnamen nichts beigetragen haben.

37 Dies konnte ihr Verfasser nicht mehr selbst tun, weil er zwischenzeitlich in eine andere Dienststelle versetzt worden war.

38 Mit Blick auf eine – erst zu erstellende – Ortsnamenskartei wurde gesagt, daß in die einzelne Karteikarte auch „die zu anderen Zeiten gültigen bzw. gebräuchlichen Namen bzw. Schreibweisen des entsprechenden Ortes" aufzunehmen seien. Des weiteren hieß es, etwas verworren klingend: „Durch Verweisungen werden die verschiedenen Schreibweisen und Namen der einzelnen Orte deutlich zu machen sein und dadurch dem heutigen Leser die Orientierung erleichtert." – Falls diese „Verweisungen" nicht nur auf den Karteikarten, sondern auch im Text und auf Karten erscheinen sollten, hätte der Leitende Historiker seiner von ihm selbst getroffenen Festlegung widersprochen, die Namen von Orten gemäß ihrer staatsrechtlichen Zugehörigkeit zu schreiben.

storiker konnte sich nicht durchsetzen, und der Band „Der Angriff auf die Sowjetunion" erschien – ebenso wie seine aktualisierte Ausgabe anderthalb Jahrzehnte später – ohne Ortsnamensregister.

Die nächsten Auseinandersetzungen ließen nicht lange auf sich warten.[39]

I.5. Das Ringen um den Titel für das Gesamtwerk

Dieses Mal ging es um die Betitelung des ganzen Projektes und seines vierten Bandes. Dieser Streit war nicht nur aus gegensätzlichen Grundauffassungen über den Krieg gegen die Sowjetunion, sondern darüber hinaus aus konzeptionellen Überlegungen für die insgesamt zu erarbeitende Geschichte des Zweiten Weltkrieges entstanden.

Nach der von Hillgruber[40] entwickelten Theorie, der zufolge Hitler ein Stufenprogramm zur Erringung zumindest einer Weltmachtstellung habe verwirklichen wollen, war dieser Krieg für die einen, die Stufenprogrammatiker, zu denen der Leitende Historiker, der Projektleiter und (zunächst) nur ein Angehöriger der Arbeitsgruppe[41] gehörten, ein langfristig geplanter und vorbereiteter, rasseideologisch motivierter Überfall.[42]

Für die anderen hingegen war er – auch wenn eine ideologische Motivation Hitlers beim Entschluß zum Krieg gegen die Sowjetunion von

---

39   Manches Wesentliche bei den weiteren Auseinandersetzungen erklärt sich daraus, daß Deist, der Leiter der Arbeitsgruppe Band 1, erst Jahre später Projektleiter „Zweiter Weltkrieg" wurde, der Urheber bereits des ersten Streites gewesen ist. Er war es, der den Mitarbeiter zur Erarbeitung der „Überlegungen"/Richtlinien betreffs der Transliteration slawischer Wörter veranlaßt hatte.

40   Er war der erste Leitende Historiker im MGFA gewesen.

41   Dieser, ein Schüler Hillgrubers, war Assistent des damals amtierenden Leitenden Historikers Messerschmidt. Er vertrat deren Thesen im Team für den 4. Band.

42   Vgl. I.1

niemandem bestritten wurde – entweder ein Präventivschlag[43] oder noch etwas anderes. Nach dieser dritten Auffassung (der meinigen) hatte er sich aus der politisch-militärischen Gesamtlage in der Jahresmitte 1940 ergeben, nachdem Großbritannien nach der Niederlage Frankreichs keinen Frieden geschlossen und sich die danach geplante Landung in England als undurchführbar erwiesen hatte.

Während sich nach meiner Sichtweise der Krieg gegen die Sowjetunion aus den vorausgegangenen Geschehnissen entwickelt hatte, war er nach der anderen von vornherein gewollt worden, so daß die Feldzüge vor ihm nur die Voraussetzung dafür gebildet hatten, um ihn, Hitlers „eigentlichen" Krieg, führen zu können. Bei solch gegensätzlichen Standpunkten wäre eine Auseinandersetzung nur bei strikter Beachtung des Meinungspluralismus in der Praxis vermeidbar gewesen. Da jedoch die Stufenprogrammatiker ihre Sicht der Dinge auch all denen aufzwingen wollten, die diese ganz anders beurteilten, wurde die Konfrontation unausweichlich.

Sie führte immer wieder zum Streit, mochte es um die Konzeption für das Gesamtprojekt oder um den Titel entweder für dieses oder für den Band 4 „Der Krieg gegen die Sowjetunion" gehen oder, geradezu zwangsläufig, um Beiträge, die nicht auf der „amtlichen" Linie lagen.

Mit dieser sind nicht etwa inhaltliche Vorgaben seitens des obersten Dienstvorgesetzten gemeint. Dieser erteilt dem Amt zwar Arbeitsaufträge, doch dessen Mitarbeiter führen diese innerhalb ihrer verfassungsrechtlich gewährleisteten Forschungsfreiheit durch. – Nein, mit „amtlicher Linie" wird das – keineswegs erfolglose – Vorgehen des Leitenden Historikers und der ihm Gleichgesinnten bezeichnet, die eigene Sichtweise als für alle verbindlich durchzusetzen.

So sehr dies inhaltlich gelang, so wenig wurde es äußerlich, in den Titeln für das Gesamtprojekt und für den Band 4, sichtbar. Doch dieses

---

43   Wie für Joachim Hoffmann; vgl. FN 48

Mißlingen wurde durch die im „amtlichen" Sinn gelungene Gestaltung dieses Bandes in gleichermaßen konzeptioneller und inhaltlicher Hinsicht mehr als ausgeglichen. Bevor hierauf eingegangen wird, wird der Kampf um die Titel dargestellt.

In einer Arbeitsbesprechung hatte die Projektgruppe „Zweiter Weltkrieg" mit knapper Mehrheit als Titel für das Gesamtprojekt „Das Dritte Reich im Weltkrieg" festgelegt. Dagegen wandte sich der Amtschef. Unter Verweis auf seine Dienstanweisung betonte er, daß er die Verantwortung für die Publikationen des Amtes *als Herausgeber* trage. Er könne nicht akzeptieren, durch Mehrheitsbeschluß gebunden zu werden.

Neben diesem formaldienstlichen Aspekt, hinter dem sich allerdings ein schwerwiegendes grundsätzliches Problem verbarg,[44] nannte der Amtschef etliche inhaltsbezogene Argumente wie dasjenige, daß die Bezeichnung „Das Dritte Reich" ein aus der Zeit der Weimarer Republik stammender Kampfbegriff sei. Dieser sei kontrovers verwendet worden. Während ihn die eine Seite habe durchsetzen wollen, habe ihn die andere Seite bekämpft. Im übrigen sei „Das Dritte Reich" niemals die offizielle Bezeichnung für das Deutsche Reich gewesen. Abschließend stellte er fest, daß der vom Leitenden Historiker und seinen Anhängern genannte Titel von einer Dienststelle der Bundesrepublik Deutschland aus wissenschaftlichen, staatsrechtlichen und politisch-psychologischen Gründen nicht verwendet werden könne.

Gegen diese Auffassung wandte der Leitende Historiker ein, daß es kein wissenschaftlicher, ein gar nicht zutreffender Gesichtspunkt sei, einen staatsrechtlich gültigen Titel zu verwenden. Das könne man leicht widerlegen. – Überzeugend war dieser Einwand nicht, und auch insgesamt konnte sich der Leitende Historiker nicht durchsetzen. Daher endete das Ringen um den Gesamttitel nach Prüfung der Rechtslage mit verbindlichen Feststellungen.

---

44 Es ging – wieder einmal – darum, wer in dieser Dienststelle wirklich bestimmte: ihr Chef oder der Leitende Historiker, ein ihm in allgemein dienstlicher Hinsicht unterstellter Beamter.

Es wurde den Mitarbeitern des MGFA bestätigt, daß sie gemäß Artikel 5 Absatz 3 Satz 1 GG in der wissenschaftlichen Gestaltung ihres jeweiligen Beitrages frei waren; doch wegen ihres öffentlich-rechtlichen Dienstverhältnisses unterlägen sie einem besonderen Gewaltverhältnis, das ihnen hinsichtlich dieses Freiheitsrechtes persönliche Gewährleistungsschranken auferlege. Diese beständen darin, daß sie sich auf diesen Verfassungsartikel nur insoweit berufen könnten, als es sich um die ihnen vom Dienstvorgesetzten übertragenen Aufgaben – also die von ihnen während der Dienstzeit zu erstellenden wissenschaftlichen Arbeiten – handele.

Mit Blick auf die vom Leitenden Historiker und Angehörigen der Projektgruppe versuchte Festlegung und Durchsetzung des Gesamttitels hieß es, daß das individuelle Freiheitsrecht der wissenschaftlichen Mitarbeiter kein Mitspracherecht an dessen Wahl begründete. Ihnen könne allenfalls ein unverbindliches Vorschlagsrecht eingeräumt werden, weil sie Angelegenheit der das Werk herausgebenden Dienststelle sei. – Der Amtschef machte von seinem Recht als Herausgeber Gebrauch und verfügte als Titel für das Gesamtwerk „Das Deutsche Reich und der Zweite Weltkrieg".

I.6.   Der Kampf um den 4. Band

I.6.1.   Die Kontroverse um den Titel

Ebenso heftig wie um den Titel für die Gesamtreihe wurde um den für ihren vierten Band gestritten, handelte es sich bei jenem doch um einen derjenigen Punkte, bei denen ebenso grundsätzliche wie gegensätzliche Auffassungen direkt aufeinanderprallten. Der Konflikt, der sich aus ihnen ergab, war nicht nur durch thematische Fragestellungen, sondern vor allem durch die personelle Zusammensetzung der Arbeitsgruppe bedingt.

Ursprünglich hatte sie aus drei Mitarbeitern bestanden, nämlich je einem für die Darstellung der Geschehnisse auf der eigenen und auf der Gegenseite sowie einem weiteren, der Entstehung und Funktion der militärischen Bündnisse Deutschlands im Ostfeldzug bis Ende 1941 zu bearbeiten hatte. Die beiden zuerst genannten Autoren sollten sich die Erarbeitung des Ablaufes der militärischen Operationen teilen.

Allmählich kamen weitere Bearbeiter hinzu. Einer von ihnen sollte die Vorbereitung und Durchführung des Ostkrieges 1940/41 auf kriegswirtschaftlichem Gebiet, ein weiterer den Anteil der Luftwaffe für diesen Zeitraum abhandeln. Der sechste schließlich sollte darstellen, wie Skandinavien (vor allem Finnland) in die Vorbereitung dieses Krieges und in ihn selbst einbezogen worden war.

Der neue Mitarbeiter hatte eine Arbeit zu einem Thema der finnischen Geschichte vorgelegt.[45] Damit wurde begründet, daß dem Verfasser des operativ-strategischen Beitrages dieser Teil, obwohl er inhaltlich zu ihm gehörte, weggenommen wurde.

Aufschlußreich für diesen Vorgang, der sich an Sachwidrigkeit nicht mehr unterbieten ließ, ist dessen Schilderung in einer finnischen Zeitschrift.[46] Zunächst wird darauf verwiesen, daß die Darstellung des ope-

---

45   Ueberschär, Gerd R., Hitler und Finnland 1939–1941. Die deutsch-finnischen Beziehungen während des Hitler-Stalin-Paktes, Wiesbaden 1978

46   Sotilasaikakauslehti, 60. Jg., Nr. 4/85, S. 309 (übersetzt in der Deutschen Botschaft in Helsinki). In ihr rezensiert Sampo Ahto den 4. Band der Weltkriegsreihe und ein von Wette und Ueberschär herausgegebenes Buch über den Überfall auf die Sowjetunion (vgl. FN 92). Auch wenn es in etwa dem 4. Band gleiche, werde es thematisch jedoch „so behandelt, wie die Verfasser es auch im ‚richtigen' Buch hätten behandeln sollen." Die „Unterschiede bei einigen Grundfragen" würden sich daraus erklären, daß am MGFA „eine Richtung Fuß gefaßt [hat], die man meinetwegen als antifaschistisch bezeichnen kann." Als Vertreter dieser Richtung werden Messerschmidt und als Autoren im 4. Band „vor allem" Rolf-Dieter Müller und Gerd Ueberschär genannt. Deren Verhaltensweise wird ganz anders als diejenige Klinks und Hoffmanns bewertet. Während dem Rezensenten, wie dieser sagte, nicht bekannt sei, daß diese beiden „sich in die Forschungsergebnisse ihrer ‚fortschrittlicheren' Kollegen

rativen Teils von dem „auch in Finnland bekannten und angesehenen Sachkenner unserer eigenen Geschichte, Dr. Ernst Klink, stammt." Dann wird vermutet, daß Klink mit seinen Finnischkenntnissen kompetenter als Ueberschär gewesen wäre.

Nur dann, wenn auch dieser des Finnischen mächtig gewesen wäre, hätte dieses in der Sache kontraproduktive Vorgehen als einigermaßen plausibel erscheinen können. Wäre beabsichtigt gewesen, den Darsteller des Geschehens auf deutscher Seite zu entlasten, hätte der neue Autor über eine gleich große Qualifikation verfügen müssen. Da dies nicht der Fall war, war für seine Verwendung eine ganz andere Tatsache ausschlaggebend gewesen, nämlich die, daß er kompromißlos die allein als richtig zu gelten habende Perspektive der Stufenprogrammtheorie verfocht.

An diesem Vorgang läßt sich geradezu exemplarisch erkennen, wie konsequent der Vorsatz verfolgt wurde, den Band insgesamt immer mehr im stufenprogrammatischen Sinne auszurichten.

Bei einer derartigen Frontstellung war zu erwarten, daß die Stufenprogrammatiker ihre Intention bereits im Titel durch Benennungen wie „Lebensraum im Osten" oder „Der Überfall auf die Sowjetunion" ausgedrückt sehen wollten. Zunächst sah es jedoch nicht danach aus. Über Jahre hinweg hatten die Angehörigen der Projekt- und der Arbeitsgruppe gleichermaßen einen Arbeitstitel für den Band „Ostfeldzug" verwendet, nämlich „Der Krieg gegen die Sowjetunion".

Doch mit fortschreitender Arbeit begann die Titelfrage zu eskalieren. Der Amtschef, der Leitende Historiker und der Teamleiter hatten einen als Kompromiß bezeichneten Titel – „Der Krieg um den ‚Lebensraum' im Osten 1940/41" – vereinbart. Da dies über die Köpfe der Teammit-

---

eingemischt" hätten, hätten in der Öffentlichkeit Gerüchte kursiert, daß die anderen deren Anschauungen nicht hätten akzeptieren können. „Dr. Wilhelm Deist, der die Redaktionsarbeit des vierten Bandes leitete, machte in Klinks Manuskript mehrere Äußerungen wider Klinks Willen. Einen Verfasser [mich] konnte er aus dem Projekt völlig ausschließen, und gegen Hoffmann ging er gerichtlich vor."

glieder hinweg geschehen war, waren diese nicht nur brüskiert, sondern darüber hinaus über die Argumente im unklaren gelassen worden, die zu dieser qualitativen Umgewichtung – die alles andere als ein Kompromiß war – geführt hatten.

In dem Konflikt, der sich nun entlud, traten die krassen Meinungsunterschiede über den Ostkrieg[47] offen zutage. Die Vertreter der einen Seite meinten, daß es „Lebensraum im Osten" als ein zwar bedeutsamer, aber doch nur einzelner Punkt nicht rechtfertige, ihn als Titel für den Gesamtband zu nehmen. In ihm würden noch weitere, mindestens ebenso wichtige Fragen behandelt, die durch die Heraushebung dieses einen Aspektes im Titel ungerechtfertigt unterbewertet würden. Für die Stufenprogrammatiker hingegen war der Kampf um „Lebensraum im Osten" das wichtigste – wenn nicht gar das einzig wichtige – Thema, das deswegen bereits im Titel zu dominieren hatte.

Von der anderen Seite wurde der ursprüngliche Titel des weiteren mit dem Hinweis darauf befürwortet, daß wissenschaftliche Arbeiten stets sachlich-neutral, jedoch keinesfalls irgendwie ideologisch[48] und damit anfechtbar betitelt sein sollten.

Die Vertreter der Gegenposition wollten jedoch den von ihnen bekämpften, eine historische Tatsache wiedergebenden, mithin objektiven Titel durch einen verdrängen, der wegen seiner Einseitigkeit eindeutig parteiisch war. Maßstab für den Titel war für sie die Bedeutung, die

---

47   Da sie nicht nur das Team, sondern die gesamte Projektgruppe durchzogen, war es keineswegs verwunderlich, daß die Auseinandersetzung von einem Mitarbeiter am ersten Band der Weltkriegsreihe ausgelöst worden war, und zwar zu einem Zeitpunkt, an dem der Titel für den vierten Band noch gar nicht festlag.

48   Erläuternd bemerkte Hoffmann als derjenige, der den Krieg gegen die Sowjetunion aus deren Sicht zu bearbeiten hatte, daß es sich „hier auch nicht so sehr um eine Ausdehnung des deutschen Lebensraumes nach Osten als vielmehr um eine Ausdehnung des sowjetischen Lebensraumes nach Westen handelt. Ostpolen, Westkarelien, Estland, Lettland, Litauen, Bessarabien und die Nordbukowina sind schließlich bereits vor dem 21. Juni 1941 von der Sowjetunion annektiert worden."

sie selbst der Beachtung und Vorrangigkeit der Konzeption Hitlers für den Ostkrieg beimaßen. Alle, die nicht sehen würden, daß Hitlers Krieg um „Lebensraum im Osten" von Ursprung und Ansatz, nämlich von seinem rasseideologischen Ausgangspunkt her, völlig andersartig als die weithin konventionell gebliebenen Kriege im Westen Europas gewesen sei, würden die Zielsetzung Hitlers und die radikale Kriegführung mißverstehen und deswegen auf längst überholte Standpunkte zurückfallen.[49]

Erwähnenswert ist nicht diese Auffassung[50] – nur eine unter mehreren – für sich genommen, sondern die ihr zugrundeliegende Einstellung: Die eigene Meinung wird so sehr überhöht, daß sie als unbedingt verbindlich auch für alle anderen Standpunkte gelten soll, und hier liegt der Kern des Problems in seiner praktischen Auswirkung.[51] Es ist nicht darum gegangen, die eigene Auffassung gegen eine (oder mehrere) andere zu behaupten, sondern es hat sich – immer wieder – um den Versuch gehandelt, sie anderen aufzuzwingen und sie für diese ebenfalls verpflichtend zu machen.

Da die Stufenprogrammatiker den von ihnen gewollten Titel nicht durchsetzen konnten, erklärten sie, daß er noch nicht endgültig feststehe. Diese Frage könne erst nach Vorliegen aller Beiträge für den Band innerhalb der Arbeitsgruppe geklärt werden – oder auch nicht. Dann müsse der Titel auf einer höheren Ebene festgesetzt werden.

---

49 Doch warum wurde gesagt, es sei unbestritten und daher darzustellen, daß seine Konzeption, über die Hitler im Frühjahr 1941 unterrichtet habe, weder von den Soldaten noch von den meisten führenden Militärs klar erfaßt worden sei? War Hitlers Konzeption der Truppe so undeutlich übermittelt worden, daß ihr gar nicht bewußt geworden war, welche Art von Krieg sie führen sollte?

50 Inhaltlich wird auf sie im Zusammenhang mit den Auseinandersetzungen um die Konzeption näher eingegangen.

51 Sie ergibt sich entweder aus Unkenntnis des axiologischen Grundproblems, daß gedankliche Entwürfe *als solche* (unbeschadet aller noch so großen inhaltlichen Gegensätze!) gleichwertig sind, weil es keine allgemein verbindliche Rangfolge der Wertigkeit der Werte gibt, oder aus einem Erkenntnisdefizit.

Dazu kam es tatsächlich, obwohl es zuvor doch noch zu einer teaminternen Einigung auf den Titel „Der Krieg gegen die Sowjetunion bis zum Winter 1941/42" gekommen war. Denn auf einmal hatte es seitens der Stufenprogrammatiker geheißen, vom Inhalt her gesehen, könnten alle von „Krieg" als kleinstem gemeinsamen Nenner ausgehen.[52] – Der offizielle Titel, unter dem der Band schließlich erschien, lautete „Der Angriff auf die Sowjetunion".

I.6.2.   Der Streit um die Konzeption

Bei diesen Gegebenheiten war es für den Teamleiter des vierten Bandes und die Mehrzahl seiner Kollegen aussichtslos, ihre Auffassung zu verwirklichen, daß aller Arbeit vor allem zur Erhellung der militärischen Zusammenhänge diente. Dies wurde durch die ständig zunehmende Betonung des ideologischen Aspektes des Ostkrieges immer deutlicher. Die Erarbeitung eines solchen Teilthemas war von den Teammitgliedern in den ersten Absprachen, in denen sie ihre Themen aufeinander abgestimmt hatten, nicht vorgesehen gewesen.

Dem erst in einem späteren, nunmehr für fünf Mitarbeiter geltenden Arbeitsauftrag für diesen Band folgte auf den – wie bisher ersten – Teil über die militärische Konzeption des Ostfeldzuges 1940/41 sowie die Planung und Durchführung der Operationen ein inhaltlich erweiterter zweiter Teil. Jetzt waren nicht nur, wie bisher vorgesehen, die außen- und bündnispolitische Absicherung des Krieges darzustellen, sondern auch Hitlers Kriegsziele im Osten einschließlich der Radikalisierung und Ideologisierung der deutschen Kriegführung.

Auffällig in diesem Zusammenhang war, daß nur von den russischen Reaktionen auf sie die Rede war, nicht von Aktionen, die denen der

---

52   Dies wäre von Anfang an möglich und sinnvoll gewesen. Das scheinbare Einlenken nach jahrelangen Querelen erklärt sich aus der Umstrukturierung des Bandes, auf die noch eingegangen wird.

Feindseite in keiner Weise nachstanden. Die krasseste Position vertrat der spätere Projektleiter Deist. In seiner Konzeption hatte er die Darstellung der Kriegführung der Sowjetunion vollständig ausgeklammert. Sie war derartig einseitig, daß sie undiskutiert blieb.

Zunächst war vorgesehen gewesen, die Kriegsziele innerhalb des Teiles über die Operationen abzuhandeln. Das lag deswegen nahe, weil als erstes die militärischen Kriegsziele erreicht werden mußten, bevor an die Verwirklichung der anderen, nämlich der wirtschaftlichen und der ideologisch motivierten, gegangen werden konnte.

Doch dann wurde die Konzeption grundlegend verändert. Jetzt sollte der Band damit beginnen, wie der Plan zum Krieg gegen die Sowjetunion entstanden war. An allererster Stelle standen die Kriegsziele Hitlers wie territoriale Expansion zur Sicherung des Lebensraumes – Autarkie – und Vernichtung des Bolschewismus. Es folgten Punkte wie z. B. die Schwächung Großbritanniens und die Neuordnung Europas in nationalsozialistischem Sinne. Nach weiteren Abschnitten über die Einschätzung der Sowjetunion in politischer wie militärischer Hinsicht, außenpolitische Aktivitäten und die Entwicklung des deutsch-russischen Verhältnisses kamen jetzt erst – an vierter (!) Stelle – militärische Überlegungen.

In dieser Reihenfolge spiegelte sich der gesellschaftsgeschichtliche Ansatz deutlich wider. Bei einem Thema über die Beziehungen zweier Staaten wird üblicherweise mit der Außenpolitik begonnen. Hier hingegen wurde mit den – vor allem – ideologischen Kriegszielen angefangen. Es sollte von vornherein klar sein, daß es sich beim Kampf gegen die Sowjetunion um einen (rasse)ideologisch motivierten Vernichtungskrieg handelte. Daher lehnte der Autor für diesen Teil den Vorschlag des Teamleiters, ein kleines Vorkapitel über die deutsch-sowjetischen Beziehungen ab 1939 zu bringen, mit dem Hinweis ab, daß er nicht deren Geschichte schreibe.

Zwar war die Konzeption für den Gesamtband erheblich zugunsten der stufenprogrammatischen Sichtweise umgeformt worden, doch konkrete Maßnahmen zu seiner gedanklich einheitlichen Ausgestaltung in diesem

Sinne konnten erst nach Erarbeitung aller Beiträge ergriffen werden. Als sie vorlagen, wurden sie daher nicht nur den Teammitgliedern als Grundlage für die interne Diskussion zur Verfügung gestellt, sondern auch – auf dessen Bitte – sofort dem Projektleiter Deist. Dieser nun ersuchte den Verfasser des Teiles über Hitlers Kriegsziele, eine neue Gliederung für den Band zu entwerfen. Der tat es, ohne die anderen Manuskripte gelesen zu haben.

Dieser groteske Vorgang zeigte, daß es nicht um Inhalte, sondern darum ging, ein auffassungsmäßig möglichst gleichförmiges Ganzes zu produzieren. Dies wurde noch deutlicher, als der Leitende Historiker die Teammitglieder seinen Eindruck wissen ließ, daß die Heterogenität der Beiträge, vor allem hinsichtlich der kompositorischen Anlage des Bandes, neue grundsätzliche Überlegungen erforderlich machen würde.

Wie fadenscheinig diese Bemerkungen waren, zeigte sich daran, daß beider Bedenken im wesentlichen dem Fehlen einer klaren Durchgliederung des Bandes und dem galten, daß die einzelnen Beiträge hinsichtlich ihres zeitlichen Beginns und Endes voneinander abwichen.

Die ursprüngliche Konzeption war vor mehr als einem halben Dutzend Jahren entwickelt worden, und auch ihre Modifizierungen bis hin zu ihrer qualitativen Veränderung lagen unterschiedlich lange zurück. Alles war dem Leitenden Historiker von Anfang an bekannt gewesen und von ihm zustimmend zur Kenntnis genommen worden.

Wenn jetzt die sogenannte kompositorische Anlage des Bandes angeblich neue und grundsätzliche Überlegungen notwendig machte, so lag das an der Unterschiedlichkeit, ja Gegensätzlichkeit inhaltlicher Aussagen, von denen etliche der stufenprogrammatischen Sichtweise zuwiderliefen. Wenn sie nicht vollständig, nämlich durch Eliminierung eines ganzen Beitrages – wie in meinem Falle praktiziert – ausgemerzt werden konnten, dann war der Inhalt des Bandes so „umzukomponieren", daß die eigene Sicht alles andere dominierte. – Dies wurde durch eine einfache Verfahrensmaßnahme erreicht.

Die Arbeitsaufträge für die Mitarbeiter beinhalteten nicht nur das Thema, sondern auch Angaben über den Umfang und den Termin für die Fertigstellung der Manuskripte. Nach der ursprünglichen Konzeption für fünf Mitarbeiter waren für den Band insgesamt ca. 620 bis 650 Seiten vorgegeben worden.[53] Auf den operativen Teil entfielen ca. 40 %, auf den Ideologieteil ca. 18 %.

Nun wurde die untereinander ausgewogene Länge aller Teile des Bandes aufgehoben. Als Vorwand diente die – als solche zweckmäßige und daher unumstrittene – konzeptionelle Ergänzung, vor Beginn der Kampfhandlungen im Juni 1941 eine Zwischenbilanz zu ziehen. Dadurch und durch einen inzwischen hinzugekommenen sechsten Beitrag hatte sich der Umfang des Gesamtbandes auf ca. 1100 Seiten vergrößert.

Anhand der Relation des Umfanges der Einzelbeiträge, wie sie in dem nach wie vor verbindlichen Arbeitsauftrag eindeutig festgelegt worden waren, konnte die zusätzliche Seitenkapazität für jeden von ihnen problemlos angegeben werden – sofern die inhaltlichen Schwerpunkte für den Gesamtband weiter gelten sollten, doch ebendies war nicht der Fall. Die Erweiterung des Umfanges gab dem Leitenden Historiker den gewünschten Anlaß, den Band insgesamt nach seinem gesellschaftsgeschichtlichen Ansatz „umzukomponieren".

Diese Umgewichtung bestand darin, dem operativ-militärischen einen gleichgewichtigen politisch-ideologischen Teil entgegenzustellen, wobei dessen einzelne Kapitel an bestimmten Stellen bedeutungsvoll unterzubringen waren. Während jener mit nun nur noch ca. 22 % die Hälfte seines ursprünglichen Umfanges eingebüßt hatte, schwoll dieser auf 30 % an und war damit deutlich länger als ersterer.[54] Hinzu kam, daß

---

53   Hier werden nur die Seitenzahlen für den operativen und den weltanschaulichen Teil genannt, weil bereits an deren Veränderungen die inhaltliche Umgestaltung des gesamten Bandes deutlich wird.

54   In Seitenzahlen: gegen die 240 Seiten des operativen standen 355 Seiten des ideologischen Teiles.

er nicht – wie alle anderen Beiträge – als in sich geschlossener Teil vorgesehen, sondern in einzelnen Kapiteln über die beiden Teile des Bandes verteilt war, den er mit seinen Ausführungen begann und auch beendete. Denn die abschließende, ursprünglich von allen Autoren gemeinsam zu verfassende Bilanz war durch sein Schlußkapitel ersetzt worden.

Kurzum, dieser Autor[55] hatte den gesellschaftsgeschichtlichen Ansatz des Leitenden Historikers intern voll zur Geltung gebracht. Dadurch war eine gleichgewichtige Darstellung des militärisch-operativen und des politisch-ideologischen Geschehens unmöglich gemacht worden. Darüber hinaus war dessen Priorität gegenüber den militärischen Ereignissen durchgesetzt worden. Dieser Ansatz, der nach Messerschmidts Willen für alle Bände der Weltkriegsreihe zu gelten hatte, ist von den Lesern so verstanden worden.[56] Er wurde zumindest als fragwürdig, wenn nicht gar als thematisch letztlich verfehlt bewertet.[57]

Das Vorgehen Messerschmidts erweckte bei mehreren Teammitgliedern den fatalen Eindruck, als ob der eigene Band im Sinne des von ihm und

---

55 Vgl. FN 41

56 Wie z. B. in einer Rezension schon zu einem anderen, dem dritten Band: Auch dieser „geht davon aus, daß ‚Wehrmacht, Bürokratie, Politik und Wirtschaft‘, die also als Einheit gesehen werden, trotz der Niederlage im 1. Weltkrieg an ihrem ‚Weltherrschaftsstreben‘ festhielten und als dessen ‚Vehikel‘ den 2. Weltkrieg ansahen und begrüßten. Hitler, wohl als Exponent dieser Kreise zu deuten, handelte nach einem ‚Stufenplan‘, der als letzte Etappe den Krieg gegen die USA um die Weltherrschaft vorsah, Hand in Hand mit den rassenideologischen Zielen. Entsprechend diesem Ansatz steht im Vordergrund der Darstellung, wie Hitlers die gesamte Zivilisation gefährdende Ziele vereitelt wurden." Soldat und Technik, 3/1985, S. 177 f.

57 „Wer sich über Militaria des 2. Weltkrieges orientieren will, wird sich auch weiterhin an Einzelschriften oder an die amtlichen ausländischen Veröffentlichungen wenden müssen, auch wenn diese naturgemäß die deutschen Truppenakten selten ausgewertet haben und an deutschen Militaria, also an Operationsplanung und Operationsführung, an Führungsentschlüssen, an Gliederung, Bewaffnung, Ausrüstung und Taktik der deutschen Truppen gelegentlich ebenso desinteressiert sind wie das MGFA." Ebd.

von Deist inhaltlich wesentlich mitgestalteten ersten Bandes der Weltkriegsreihe umfunktioniert werden sollte. Zugleich argwöhnten sie, daß hinter jenem die Absicht steckte, bestimmte Teile zu eliminieren. Daher erhoben sie sogleich Einspruch hiergegen und beantragten – wie nicht anders zu erwarten – vergeblich, durch Aufhebung der Umgewichtungen den militärgeschichtlichen Ansatz wiederherzustellen. Denn bei der erneuten Vorgabe der alten Seitenkontingente konnten die Befürworter des gesellschaftsgeschichtlichen Ansatzes, was für sie unschwer zu erkennen war, ihre diesbezügliche eigene Konzeption nicht mehr durchsetzen.

Gänzlich auf das Erzwingen ebendieses Ansatzes fixiert, zeigte sich der Leitende Historiker rationalen Argumenten nicht mehr zugänglich, und dies um so weniger, als er nicht mit durchgehendem Widerstand zu rechnen brauchte.

Mit seiner Auffassung, daß man sich auch mit Verlust (!) eines Standpunktes „arrangieren" sollte, versagte der Teamleiter so vollständig, daß er es der Gegenseite ermöglichte, sich gänzlich durchzusetzen.[58] Ohne künftig noch irgend etwas befürchten zu müssen, „verfügte" der Leitende Historiker, daß die inhaltlich umgestaltete neue Gliederung nun die verbindliche Grundlage für die weiteren Arbeiten zu sein hatte.[59]

Mehr noch: Nachdem alle Manuskripte in jahrelanger Arbeit nach dem vom Amtschef erteilten Arbeitsauftrag und der auf ihm beruhenden, bis jetzt allgemein akzeptierten Gliederung erarbeitet worden waren, hatte

---

58   Mit der vollständigen Aufgabe des eigenen Standpunktes konnte der Teamleiter keinen wie immer gearteten „Kompromiß" erreichen, weil er bedingungslos kapituliert hatte. – Dies ist einer der Fälle, in denen sich die eine Seite nicht aus eigener Stärke durchsetzte, sondern nur wegen des gänzlichen Versagens der anderen Seite, die im vorliegenden Falle durch ihre mangelnde wissenschaftliche Redlichkeit bedingt war.

59   Dies war rechtlich unzulässig, weil allein der Amtschef die Arbeitsaufträge erteilte. Solange dieser sie nicht abänderte oder aufhob, galten sie bis zu ihrer Erledigung. Einer diesbezüglichen „Verfügung" des Leitenden Historikers fehlte daher die dienstrechtliche Grundlage.

der Leitende Historiker unversehens ein Gliederungsdefizit entdeckt, das bislang vorhanden gewesen sein sollte. Daher müßten, wie er nun meinte, nicht nur ganze Kapitel neu, sondern es müßten ganze Teile umgeschrieben werden.

Hinsichtlich der erheblich veränderten Seitenkontingente tat er zwar so, als ob er sich noch nicht festlegen wollte. Obwohl er ihn bereits um seine Geltung gebracht hatte, sprach er immer noch von einem Grundsatz der Gleichgewichtigkeit zwischen den *im weitesten Sinne* politischen und den militärischen Teilen, von denen bei dem Versuch, sich zu einigen, vernünftigerweise ausgegangen werden müsse.

Wie sich lange und deutlich genug gezeigt hatte, war ein derartiges Unterfangen von vornherein aussichtslos geworden. Die Auffassungen waren so unvereinbar, daß sie keinen inhaltlichen Kompromiß, sondern nur die Durchsetzung eines der beiden Standpunkte zuließen, der dann gegenüber dem anderen vorrangig wurde – oder daß sie in einem gedanklich in sich zerrissenen Band direkt zusammenstießen.

Die Lage war so verfahren, daß der Vorgang dem Amtschef gemeldet wurde. Er wurde um Entscheidung darüber gebeten, ob der nach wie vor gültige Arbeitsauftrag mit Schwerpunkt auf militärisch-operativem Gebiet (mit entsprechenden Seitenkontingenten) beendet oder ob dieser durch eine qualitative Veränderung auf die politisch-ideologische Darstellung verlagert werden sollte. Es ging also um nichts weniger als um die endgültige Klärung der Frage, welchem Ansatz die Priorität zuerkannt wurde.

Trotz seiner gegenteiligen Auffassung – „Für das Militärgeschichtliche Forschungsamt stehen die militärischen Aspekte der Ereignisse und ihrer Folgen im Vordergrund"[60] – entschied der Amtschef nicht. Er hielt es vielmehr für angebracht, daß man sich weiterhin darum bemühte, einen tragfähigen Kompromiß zu finden. Dabei ging er davon aus, daß – ent-

---

60   In seinem Vorwort zur Gesamtreihe Das Deutsche Reich und der Zweite Weltkrieg, Band 1, Vorwort, S. 11

sprechend der Konzeption für den Band – militärischer und politischer Teil ausgewogen dargestellt wurden.

Durch die vollständige Duldung der inhaltlich entgegengesetzten Position des Leitenden Historikers[61] hatte der Amtschef diesen sein Ziel endgültig erreichen lassen: Nicht der militär-, sondern der gesellschaftsgeschichtliche Ansatz war jetzt offiziell bestimmend geworden. Öffentliche Kritik an diesem Ansatz[62] ließ Messerschmidt nicht gelten.[63]

I.6.3. Die Eliminierung des Rüstungsbeitrages

Dennoch waren die Streitigkeiten keineswegs beendet. Im Gegenteil, sie wurden jetzt verschärft weitergeführt, galt es doch für einige Autoren, dem Leitenden Historiker weiterhin nicht zu willfahren. Nach

---

61 Da durch sie einer sachgerechten Entscheidung ausgewichen worden war, hätte sich der Teamleiter in seiner Handlungsweise bestätigt fühlen können.

62 In einer Glosse wurde ironisch gefragt, ob der Krieg „nicht einfach als Kriminalgeschichte abgehandelt werden" sollte. Es sei „bezeichnend", daß im ersten Band der Weltkriegsreihe „überall das Kainsmal des Verbrecherischen eingebrannt ist". Dem gesellschaftsgeschichtlichen Ansatz wurde vorgehalten, Klischees zu verwenden, den „‚Faschismus'-Begriff kommunistischer Terminologie" unbesehen zu übernehmen, „die militärischen Zusammenhänge aus dem Bewußtsein unseres Volkes" zu eliminieren, um damit zu schließen, daß das Projekt bei der männlichen Jugend „wohl eher für die Wehrdienstverweigerer als für die Soldaten geeignet" sei. Klio mit roter Armbinde, Hochschulpolitische Informationen (HPI) 7 vom 18. April 1980, S. 5

63 In einem Leserbrief äußerte sich Messerschmidt nicht zu diesen Wertungen, sondern ersuchte um Richtigstellung der „falschen Behauptungen". Mit Blick auf die von den HPI erwähnte „Misere" des Projektes und „der meisten hier involvierten und letztlich mißbrauchten Historiker" äußerte er: „Mitarbeiter des Projekts sind nicht ‚mißbraucht', sie gestalten in freier Zusammenarbeit die einzelnen Bände." HPI 9 vom 16. Mai 1980, S. 6. Trotz ihrer Dreistigkeit konnte mit dieser Behauptung nicht über ihren mangelnden Wahrheitsgehalt hinweggetäuscht werden.

dessen Meinung tauchte nämlich bei einem in Teamarbeit zu erstellenden Werk das Problem auf, „den Freiraum des einzelnen Autors in Einklang zu bringen mit dem Erfordernis, einen möglichst geschlossenen Band und am Ende ein möglichst in sich stimmiges Gesamtwerk vorzulegen."[64]

Diese Auffassung steht in eindeutigem Widerspruch zum Urteil des Bundesverfassungsgerichtes vom Mai 1973. Jeder Versuch, sie durchzusetzen, verstößt gegen geltendes Verfassungsrecht. Der „Kernbereich wissenschaftlicher Betätigung" bleibt nun einmal grundsätzlich dem einzelnen Wissenschaftler vorbehalten, und das ihm zustehende Abwehrrecht schützt seine wissenschaftliche Betätigung gegen staatliche Eingriffe und gegen Fremdbestimmung.

Es gab übrigens gar kein Erfordernis für das vom Leitenden Historiker propagierte Vorhaben – es sei denn, das eigene Geschichtsbild soll für andere, für „Abweichler" von dieser Sichtweise, verbindlich gemacht werden. Im konkreten Fall, bei den grundsätzlich kontroversen Auffassungen der Teammitglieder, erschien ein derartiges Unterfangen als aussichtslos – und glückte dennoch. Es war allerdings nötig, einen Weg zu finden, dessen Beschreiten es ermöglichte, einen Beitrag entweder inhaltlich gleichzuschalten oder zumindest gedanklich zu entschärfen, ohne das Rechtswidrige dieses Vorhabens erkennbar werden zu lassen.

In der Sache ging es um folgendes: Im militärischen Teil, den der Teamleiter zu erarbeiten hatte, waren Planung, Vorbereitung und Durchführung der Operationen einschließlich ihrer versorgungsmäßigen Sicherstellung zu bringen. Die Versorgungsführung ist so eindeutig Teil der militärischen Führung insgesamt, daß sie unmittelbar zu diesem Thema gehört. In diesem Fall kam noch hinzu, daß der Band – wie erinnerlich – ursprünglich von nur drei Mitarbeitern erstellt werden sollte und schon deswegen vom Teamleiter als Autor zu bearbeiten war.

Wegen der personellen Erweiterung des Teams konnten weitere Berei-

---

64   So Messerschmidt in seiner Einleitung der Gesamtreihe; vgl. FN 5

che untersucht werden; zu ihnen gehörte der Teil über die Vorbereitung und Durchführung des Ostkrieges auf kriegswirtschaftlichem Gebiet 1940/41. Er wurde in einen Rüstungs- und in einen wehrwirtschaftlichen Abschnitt (Aufbau der Wehrwirtschaftsorganisation Ost) aufgegliedert. Der erste begann mit der Rüstungslage nach dem Ende des Frankreich-Feldzuges im Juni 1940.

Nachdem Hitler erkannt hatte, daß Großbritannien auch nach der Niederlage seines Verbündeten nicht zu einem Friedensschluß, sondern zur Weiterführung des Krieges entschlossen war, befahl er, eine Invasion der britischen Insel (Operation „Seelöwe") vorzubereiten, deswegen die Rüstung umzusteuern und ihren Schwerpunkt vom Heer auf Luftwaffe und Kriegsmarine zu verlagern. Erst als sich eine Landung in England als undurchführbar erwiesen hatte, wurde Ende September 1940 die Rüstung erneut umgesteuert, um das Material für einen Krieg gegen die Sowjetunion zu produzieren.

Mein in diesem Zusammenhang erzieltes Forschungsergebnis bestand in der Erkenntnis, daß der Krieg gegen die Sowjetunion rüstungsmäßig weder langfristig geplant noch vorbereitet worden war. – Hiermit war für die Stufenprogrammatiker mit dem Leitenden Historiker und dem Projektleiter an der Spitze der Casus belli gegeben.

Zu den wichtigsten Punkten der Stufenprogrammtheorie gehört die Behauptung, daß sich Hitler nach dem Sieg über Frankreich gedanklich *sofort* gegen die Sowjetunion gewendet hat. Dies ist, wie sich aus der politisch-militärischen Gesamtsituation Mitte 1940 eindeutig ergibt, schlichtweg falsch. Dennoch ist dies für die Stufenprogrammatiker unerheblich, weil sie sogleich erkannten, daß dieses meiner Forschungsergebnisse – wenn auch nur auf die Rüstungslage bezogen – die von ihnen angestrebte gedankliche Einheitlichkeit des Bandes zumindest gefährdete, wenn nicht gar verhinderte.

Der Kampf um – oder gegen – den Rüstungsbeitrag begann mit dem Hinweis des Projektleiters, daß er nach Besprechungen umstrukturiert werden müsse, weil ihm die „Perspektive" fehle. – Da unter dieser die stufenprogrammatische Sichtweise zu verstehen war, war sie für mich so unerheblich, daß ich sie für mich als nicht verbindlich betrachtete.

Der Gegenseite war es dafür um so ernster, daß ihr gefolgt wurde. So wies der Leitende Historiker gleich mehrere Autoren des Teams unmißverständlich darauf hin, daß er verschiedene Manuskripte in der vorgelegten Form nicht mittragen könne und daß sie daher nicht gedruckt werden könnten. Sie müßten erheblich umgearbeitet werden, um vorlagefähig zu werden.

Mit dieser Forderung, die bis zur Erarbeitung einer inhaltlichen Neufassung reichte, überschätzte er seine Einwirkungsmöglichkeiten bei weitem. Er verlangte, daß nach grundsätzlicher Kritik durch ihn und den Projektleiter neue Fassungen vorgelegt wurden. Dies geschah zwar, doch auf ihre qualitative inhaltliche Veränderung in dem von ihm geforderten Sinne – die auf meine Selbstzensur hinausgelaufen wäre – vermochte er nicht einzuwirken. Daher habe ich die Sachaussagen im Rüstungsbeitrag zwar umformuliert, in diesem oder jenem Falle gestrafft oder auch erweitert, doch ihren bisherigen Bedeutungsinhalt habe ich unverändert bestehen gelassen.

Nachdem deutlich geworden war, daß mir die erwünschte stufenprogrammatische Sichtweise nicht aufgezwungen werden konnte, wurde die Vorgehensweise geändert. Wenn ich, so wurde mir nun bedeutet, nicht umstrukturiere, bestehe die Gefahr, daß der Druck meines Beitrages nicht zugelassen werde.[65] Die Gelegenheit, ihn auf unverfängliche Weise zu eliminieren, bot eine Frage der thematischen Abgrenzung der einzelnen Beiträge.

In der neuen Gliederung, durch die der gesellschaftsgeschichtliche An-

---

65 Da ich mehrere Fragen, insbesondere die der Eliminierung meines Beitrages, für wichtig hielt, bat ich den Projektleiter um deren schriftliche Beantwortung. Deist antwortete mir mündlich, daß er keine Sekretärin habe, die seine Antwort tippen könne. Er selbst könne es nicht tun, weil an seiner Schreibmaschine einige Typen klemmen würden (!).

satz die Priorität gegenüber der militärhistorischen Sichtweise erlangt hatte, war verbindlich festgelegt worden, daß – wie bereits angedeutet – im militärischen Teil Vorbereitung, Aufmarsch und Maßnahmen für die materielle Durchführung der Operationen abgehandelt wurden. Dennoch waren die Fragen der Versorgungsführung vom Teamleiter als dem hierfür verantwortlichen Autor – wenn überhaupt – völlig unzureichend erörtert worden. Statt dessen schlug er Veränderungen vor, die darauf hinausliefen, daß ich als der für den Rüstungssektor zuständige Autor nun die Versorgungsfragen bearbeitete.

Obwohl dieser Vorschlag nicht nur formal der geltenden Gliederung widersprach, sondern auch thematisch unsinnig war, weil sich die Versorgungsführung nun einmal an der Operationsführung orientiert, wurde jetzt so getan, als ob es meine Aufgabe sei, diese Fragen zu behandeln.[66]

Der Projektleiter begann nun, von einem „Fremdkörper" zu sprechen, den der Rüstungsbeitrag in dem geplanten Band darstelle. Der Leitende Historiker assistierte ihm mit der Behauptung, daß er nicht den Zuschnitt für diesen Band erreicht habe. Schließlich kritisierte mich dieser sogar deswegen, weil ich mich in einer grundsätzlichen militärischen Frage auf Clausewitz gestützt hatte. Daher kam er dem Vorschlag des Projektleiters nach, den Beitrag nicht in den Band aufzunehmen. Meiner Bitte um eine schriftliche wissenschaftliche Begründung für die Ablehnung entsprach er allerdings ebensowenig wie der andere.

Die Eliminierung des Rüstungsbeitrages war auch noch aus einem ganz anderen Grund möglich. Ein inzwischen eingestellter junger Mit-

---

66 Der auf Unkenntnis der Quellenlage beruhenden Kritik des Leitenden Historikers, daß ich keine Aktenbestände des Heereswaffenamtes ausgewertet hätte, begegnete ich mit einer Feststellung des langjährigen Chefs dieses Amtes, General Leeb: Über dieses könne nicht mehr viel gebracht werden, weil die Aktenbestände kriegsbedingt vernichtet worden seien. Leeb, Emil, Aus der Rüstung des Dritten Reiches (Das Heereswaffenamt 1938–1945), Berlin Frankfurt/M. 1958, Vorbemerkung

arbeiter beschäftigte sich bei der Erarbeitung eines Themas, mit dem er seine wissenschaftliche Qualifikation nachweisen wollte, mit Fragen der deutsch-russischen Wirtschaftsbeziehungen. Obwohl sich dessen Arbeit erst im Stadium ihres Entstehens befand,[67] also noch von keiner Fakultät beurteilt und angenommen werden konnte, genügte es, ihren Verfasser als Ersatzmann tätig werden zu lassen. Denn den Stufenprogrammatikern war es genehm, daß sie ihre Sicht der Dinge zusätzlich durch Aufnahme eines Teiles fördern konnten, der denjenigen über den ideologisch motivierten Vernichtungskrieg um den wirtschaftlichen Aspekt eines kolonialen Ausbeutungskrieges ergänzte.

Eine Betrachtung dieses Vorganges von der sachlichen Seite her offenbarte, daß bei ihm wissenschaftliche Überlegungen keine Rolle gespielt hatten. Die Behandlung der deutsch-russischen Wirtschaftsbeziehungen war in diesem Band in keiner Konzeption – selbst in der mit gesellschaftsgeschichtlichem Ansatz nicht – vorgesehen gewesen, weil sie ihn inhaltlich weder direkt noch indirekt betrafen und ihre Erörterung deswegen von allen für unnötig gehalten worden war. Hinzu kam, daß sich – gerade in Diktaturen – die wirtschaftlichen nach den außenpolitischen Beziehungen richten. Da es der Bearbeiter des Ideologieteiles abgelehnt hatte, diese abzuhandeln, konnten jene in keinen Zusammenhang mit ihnen gebracht werden. Es genügte offensichtlich, daß neben die Verantwortung der militärischen „Eliten" im Vernichtungskrieg nun auch diejenige der wirtschaftlichen gestellt wurde.

Durch den Einsatz dieses Mitarbeiters hatten der Leitende Historiker, der Projekt- und der Teamleiter – bei ihren Beratungen die Mitglieder des

---

67 Als die Arbeit im Druck erschienen war, vermochte die „anregende Studie" den Rezensenten Jost Düllfer „mit ihrer Grundthese nicht zu überzeugen […], daß ein deutsches ,Tor zur Weltmacht' durchgängig in der Sowjetunion gesehen wurde. Wirtschaftliche oder militärische Ansätze, das Sowjetsystem potentiell stärkende, schwächende oder abschaffende Motive werden hier in nicht nachvollziehbarer Weise als im Kern gleichartig gedeutet." Historische Zeitschrift (HZ) 241, 1985, S. 220

Teams, einschließlich mich als den unmittelbar betroffenen Autor, völlig ausschließend – einen Ausweg gefunden. Ich bräuchte meine bisherige Arbeit nur umzuarbeiten, um in den Band aufgenommen zu werden.

Mir gegenüber äußerte der Leitende Historiker, daß ich nicht unbrauchbaren Unsinn geschrieben, sondern die Perspektive für den Band nicht getroffen hätte, und er bezeichnete meine Arbeit als an sich publikationswürdig, nur eben nicht in diesem Band. Dann bot er mir eine Monographie an. Ihretwegen wollte er mit dem Amtschef sprechen, damit ich Zeit für ihre Fertigstellung hatte und nicht irgendwo durch andere Aufträge gebunden wurde.

Auch wenn mit diesem Angebot dem Anschein einer Zensur, die die Eliminierung des Rüstungsteiles de facto war, begegnet wurde – es konnte nicht aufrichtig gemeint sein. Denn er hätte, zu einer Monographie ausgeweitet und vom Amt publiziert, in einem unübersehbaren inhaltlichen Gegensatz nicht nur zu den Beiträgen des vierten Bandes der Weltkriegsreihe, sondern auch zu denen aller anderen gestanden, die auf der Stufenprogrammtheorie basierten. In besonderem Maße traf dies auf den ersten Band dieser Reihe zu, an dem sowohl der Leitende Historiker als auch der Projektleiter mitgearbeitet hatten.

Nun wandte ich mich an den Amtschef und bat ihn um schriftlichen Bescheid, ob er der Absicht des Leitenden Historikers zum Nichtdruck meines Beitrages zustimme. Gleichzeitig beantragte ich, mir die schriftliche Begründung hierfür auszuhändigen.

Der Amtschef stimmte der Absicht des Leitenden Historikers zu, ohne mein Manuskript zu kennen. Eine schriftliche Formulierung der Gründe, die über diejenigen hinausgingen, die die bis zu diesem Zeitpunkt Beteiligten geäußert hatten, hielt er nicht für erforderlich. Zu der Frage, ob ich eine Monographie erarbeiten sollte, äußerte er sich nicht, obwohl allein er sie genehmigen konnte. Es genügte ihm wohl, daß der Leitende Historiker diese Frage mit mir erörtern wollte.

Nachdem er diesem die Initiative überlassen hatte, wünschte der von mir einen Abriß dessen, was nun geschrieben werden sollte. Dies erfolgte umgehend. Ich legte ihm einen inhaltlichen Entwurf für die zu erarbeitende Monographie vor und fügte Vorschläge für ihren Umfang und einen Termin für die Fertigstellung bei. Zugleich bat ich ihn, alles an den Amtschef zur Erteilung eines entsprechenden Arbeitsauftrages (bei gleichzeitiger Aufhebung des alten für meinen Weltkriegsbeitrag) weiterzuleiten.

Doch nicht dies, sondern etwas anderes geschah. Der Leitende Historiker wies meine Vorlage als nicht akzeptabel zurück, verlangte eine andere und verfuhr dann mit dieser ebenso wie mit der vorherigen. Durch diesen Vorgang, der sich mehrere Male wiederholte, wurde sein Angebot einer Monographie vollends zur Farce.

I.7. Dienstaufsichtsbeschwerden und Prozeß vor dem Verwaltungsgericht

Dies und vor allem die Behandlung meines Beitrages, die in dessen Eliminierung gipfelte, veranlaßten mich, gegen den Leitenden Historiker sowie gegen den Amtschef und gegen den Projektleiter Dienstaufsichtsbeschwerde beim jeweiligen Disziplinarvorgesetzten zu erheben. Durch sie sollte geklärt werden, ob der Beitrag in den Band aufgenommen wurde oder nicht. Außerdem sollte bewirkt werden, daß ich die ebenso oft wie vergeblich beantragte schriftliche wissenschaftliche Begründung für die Ablehnung meines Beitrages erhielt.

Während die Beschwerden anhängig waren, beauftragte der Amtschef den bereits erwähnten jungen Mitarbeiter, die kriegswirtschaftlichen Kapitel des vierten Bandes zu erarbeiten. Ich deutete dies als Versuch des Amtschefs, den Beschwerdebescheid seines Disziplinarvorgesetzten vor dessen Ergehen durch Schaffung vollendeter Tatsachen zu unterlaufen, und ließ durch meinen Anwalt erklären, daß die Beschwerde zugleich als Widerspruch aufgefaßt werde. Durch diesen sollte erreicht werden, daß mit den Druckvorbereitungen für den Band erst begonnen werden konnte, nachdem die Beschwerdebescheide ergangen waren. Dies sollte, wie mir als dem Beschwerdeführer mitgeteilt wurde, entsprechend berücksichtigt werden.

Nach dem zögerlichen Verhalten des Leitenden Historikers war mit einem Entscheid zur Erarbeitung einer Monographie nicht zu rechnen, doch wegen der anhängigen Beschwerden konnte nicht länger ausweichend taktiert werden. Daher wies mich der Amtschef nun doch in einem neuen Auftrag an, die Rüstungsteile meines bisherigen Auftrages mit dem Ziel der Publikation als Monographie zu überarbeiten.

Die Maßnahme, auf diese Weise meiner Kritik zu begegnen, mit der Eliminierung meines Beitrages werde gegen geltendes Verfassungsrecht verstoßen, erfüllte ihren Zweck. Nur kurz nach dieser Auftragserteilung wurde mein Widerspruch unter anderem mit dem Hinweis auf die Bereitschaft des Amtes zurückgewiesen, den Beitrag bei erfüllten fachlichen Voraussetzungen auf andere Weise, z. B. als Monographie, zu veröffentlichen.[68]

Dieser Widerspruchsbescheid veranlaßte mich, Klage beim zuständigen Verwaltungsgericht zu erheben. Es wurde beantragt, das beklagte Amt – unter Aufhebung aller bisher in dieser Sache ergangenen Entscheidungen – anzuweisen, meinen Beitrag in den vierten Band aufzunehmen. Hilfsweise wurde beantragt, den Amtschef in gleicher Weise und unter Berücksichtigung der Auffassung des Gerichtes anzuweisen, die Ablehnung des Beitrages wissenschaftlich in schriftlicher Form zu begründen. Zur Sicherung des bestehenden Zustandes wurde vorab beantragt, das beklagte Amt durch eine einstweilige Anordnung anzuweisen, die Drucklegung des Bandes bis zur Entscheidung über den Haupt- und den Hilfsantrag zurückzustellen.

Die Wehrbereichsverwaltung V als die zuständige Mitelbehörde, die

---

68 Dasselbe Argument verwendeten auch die anderen Disziplinarvorgesetzten bei der Ablehnung der jeweiligen Dienstaufsichtsbeschwerde. Ein Rechtsmittel gegen diese dienstaufsichtlichen Feststellungen fand nicht statt.

zuvor bereits meinen Widerspruch abgelehnt hatte, reagierte auf den beim Gericht gestellten Antrag auf Erlaß einer einstweiligen Anordnung ihrerseits durch Anordnung der sofortigen Vollziehung, d. h., den Band unverzüglich auszudrucken. Begründet wurde sie nicht mit juristischen, sondern mit wissenschaftlichen und fiskalischen Argumenten.

Diesem Vorgang kam grundsätzliche Bedeutung zu. Zu den wichtigsten Prinzipien, auf denen ein Rechtsstaat wie die Bundesrepublik Deutschland beruht, gehört dasjenige der Gewaltenteilung. Es wurde nach meiner Überzeugung in diesem Falle durch eine Behörde ebendieses Staates außer Kraft gesetzt, indem sie, ein Teil der Exekutive, durch eine von ihr getroffene Maßnahme die erst zu fällende Entscheidung des zuständigen Gerichtes als eines Teiles der Legislative in der Sache bedeutungslos werden ließ.

Wäre vor Beendigung des Rechtsstreites der Druck des Bandes ohne meinen Beitrag erfolgt, wären meine Rechte als Kläger vereitelt worden, weil eine spätere Aufnahme in den Band unmöglich gewesen wäre. Daher wurde beim Gericht die Aufhebung dieses Bescheides beantragt.

Das Verwaltungsgericht wies den Antrag auf einstweilige Anordnung ab. Neben den juristischen Argumenten wie demjenigen, daß niemand einen Rechtsanspruch auf Veröffentlichung besitzt, war für die Ablehnung ein ganz anderes von besonderer Bedeutung: Das Amt habe sich ja bereits von sich aus bereit erklärt, meinen Beitrag als Monographie in einer der von ihm herausgegebenen Reihen zu veröffentlichen.

Diese Entscheidung ermöglichte es dem Leitenden Historiker, das Thema „Monographie" endgültig in seinem Sinne abzuwickeln. Er gab mir bekannt, daß ich mein Vorhaben privat weiterführen könne und daß mir das Amt deshalb mein Manuskript freigebe. Bei einem neuen Arbeitsauftrag für mich war zu berücksichtigen, daß ich dienstlich nicht länger durch eine Monographie gebunden war.

Der Vorschlag des Leitenden Historikers zu ihrer Erarbeitung war, wie durch die Art ihrer Erledigung letztmalig offenkundig wurde, zu keinem

Zeitpunkt ernst gemeint gewesen. Sie hatte immer nur eine Alibifunktion besessen. Nachdem das Ziel erreicht worden war, mit ihrer scheinbaren Zusicherung zunächst die verschiedenen Disziplinarvorgesetzten bei ihren Ermittlungen zu täuschen und anschließend das Verwaltungsgericht zu hintergehen, war sie gegenstandslos geworden.

Die Ablehnung, eine einstweilige Anordnung zu erlassen, wirkte sich so auf den Prozeß aus, daß der Antrag in der Hauptsache zurückgezogen wurde. Denn selbst wenn das Gericht ihm stattgegeben hätte und er als Folge eines rechtskräftigen Urteils in den vierten Band aufzunehmen gewesen wäre, wäre dies wegen seines zwischenzeitlich erfolgten Ausdruckes nicht möglich gewesen. Daher wurde der ursprüngliche Hilfsantrag auf eine schriftliche wissenschaftliche Begründung nun zum Hauptantrag.

In der mündlichen Verhandlung vor dem Verwaltungsgericht schlossen die Beteiligten zur Beilegung des Rechtsstreites einen Vergleich. Die beklagte Partei verpflichtete sich, mir als dem Kläger eine Abschrift der Stellungnahme des Projektleiters zu meinem Beitrag zum vierten Band zuzusenden. Deren Anwalt stimmte dem – vorbehaltlich des Einverständnisses Deists – zu. – Der Vergleich kam nicht zustande, sondern mußte widerrufen werden, weil diese Stellungnahme, durch die der ganze Streit ausgelöst worden war, in den Akten der Gegenseite nicht enthalten war.

Nun ging es erneut um die bisher verweigerte schriftliche wissenschaftliche Begründung für die Ablehnung des Beitrages.

Daß ich sie trotz vielfältiger Eingaben nie erhalten hatte, führte ich auf final ideologisch motivierte Auffassungen des Leitenden Historikers und des Projektleiters zurück. Denn jede inhaltsbezogene, mit Angabe der Belegstellen versehene Kritik, die ich von ihnen erhalten hätte, hätte ich auf ihre sachliche Berechtigung überprüfen und dabei nicht nur feststellen können, was wirklich haltbar, sondern auch, was unhaltbar war. Durch Auflistungen wäre die von beiden immer wieder versuchte ideologische Indoktrination im Sinne der von ihnen gewünschten gedanklichen „Einheitlichkeit" des Bandes nachweisbar gewesen. Dies hätte ebenso für solche bewußt vage gehaltenen Formulierungen wie „Heterogenität der Beiträge", ihre „Umstrukturierung" hinsichtlich der zu verändernden „kompositorischen Anlage" des Bandes und seine „Perspektive" gegolten. Alles in allem wäre offenkundig geworden, daß keine Sachgründe für die Ablehnung ausschlaggebend gewesen waren.

Dies wurde auf andere Weise deutlich. In der zweiten mündlichen Gerichtsverhandlung hatte der Leitende Historiker gesagt, daß die Qualität des Beitrages nicht zu beanstanden gewesen sei, wohl aber meine mangelnde Bereitschaft, meine „Perspektive" zu ändern.

Obwohl mit diesem Schlüsselwort der Kernbereich bezeichnet war, um dessen inhaltliche Bloßlegung durch eine schriftliche wissenschaftliche Begründung gestritten wurde, ist er nie offengelegt worden. Daher bezeichnete das Verwaltungsgericht die hierauf gerichtete Leistungsklage in seinem Urteil als zulässig. Dennoch entschied es, daß ich als Kläger „keinen Anspruch darauf [habe], daß das MGFA für die bereits mündlich bekanntgegebene Entscheidung, den Beitrag des Klägers nicht in der geplanten Form zu veröffentlichen, nachträglich eine schriftliche Begründung in wissenschaftlicher Form nachreicht."

Da das Urteil des Verwaltungsgerichtes Freiburg veröffentlicht worden ist,[69] wird es wegen seiner problemlosen Zugänglichkeit und weil ich Partei gewesen bin, nicht weiter kommentiert. Ich erörtere lediglich den Punkt, von dem – den Kreis schließend – der Gesamtvorgang ausgegangen ist.

Das Verwaltungsgericht hatte es ausgeschlossen, daß die Ablehnung einer Veröffentlichung auch dann, „wenn man zugunsten des Klägers unterstellen würde, daß seine Thesen über die Ursachen des Krieges gegen Rußland von anderen Mitarbeitern des MGFA nicht geteilt werden", weder „ausschließlich oder auch nur überwiegend auf diesen Dissens

---

69   Verwaltungsblätter für Baden-Württemberg 8, 1984, S. 286–289, Zitat S. 287

zurückgeht. Gegen diese Annahme spricht nämlich schon, daß die Entscheidung des MGFA auf einem übereinstimmenden Votum des Leitenden Historikers des MGFA, des Projektleiters und des Teamleiters Dr. K. beruht. Diese Übereinstimmung in der Kritik an der Arbeit des Klägers schließt nach Überzeugung der Kammer aus, daß unsachliche Motive hinter der Ablehnung stehen."[70]

Die Gründe, aus denen die drei eben Genannten den Rüstungsbeitrag gemeinsam abgelehnt hatten, waren gänzlich unterschiedlichen Interessen entsprungen. Der Ausgangspunkt der ganzen Auseinandersetzung war von keinerlei ideologischen Überlegungen geprägt, sondern er war „unpolitisch" gewesen. Der für den militärisch-operativen Teil verantwortliche Teamleiter hatte, wie dargelegt, einen Teil dessen nicht vorgelegt, was er gemäß der Gliederung, der er selbst zugestimmt hatte, zu erarbeiten hatte.

Nachdem die Manuskripte in ihrer Erstfassung gelesen worden waren, wurde erkennbar, daß der Teamleiter unwillens war, seinen Beitrag vollständig zu erarbeiten. Er schlug mir als Autor des Rüstungsbeitrages – wie dargelegt – vor, mit der versorgungsmäßigen Sicherstellung der militärischen Operationen einen beträchtlichen Teil der von ihm selbst zu leistenden Arbeit zu übernehmen. Obwohl ich dessen Ansinnen so eindeutig ablehnte, daß er nicht daran zweifeln konnte, die eigene Arbeit selbst machen zu müssen, unterließ er es auch weiterhin, die von ihm unberücksichtigten Teile zu erarbeiten.

In einem solchen Fall wird ein Autor normalerweise angewiesen, das Fehlende nachzuarbeiten und bis zu einem bestimmten Termin vorzulegen. Hier geschah jedoch etwas anderes. Das egoistische Verhalten des Teamleiters bot dem Leitenden Historiker und dem Projektleiter die Handhabe, gegen meinen Rüstungsteil so vorzugehen, daß sie ihn eliminieren konnten. Wie wenig es ihnen im übrigen um die Sache selbst zu

---

70   Ebd., S. 289

tun gewesen war, zeigte sich daran, daß sie den Teamleiter auch danach nicht dazu anhielten, seinen Teil vollständig zu erarbeiten.

Die Motive beider hatten darin gelegen, daß sie eine ganz andere Auffassung als ich vertraten, die sie mir gegenüber mit allen Mitteln durchzusetzen versucht hatten. Da ihnen die rechtliche und die sachliche Grundlage gleichermaßen gefehlt hatten, bewertete ich deswegen das Vorgehen beider gegen meinen Beitrag als einen Willkürakt. Dennoch: Ihre ideologisch motivierte Auffassung war nun einmal eine, so problematisch sie auch war.

Der Teamleiter hingegen hatte keinen Standpunkt vertreten, sondern er hatte gemeinsame Sache mit den beiden anderen gemacht, und zwar nur deswegen, um sich vor der Arbeit zu drücken. Seine Beweggründe – ein Jurist würde in ihnen möglicherweise „niedere Motive" erkennen – waren so unsachlich gewesen, und er hatte so sehr wider besseres Wissen gehandelt, daß seine Handlungsweise mindestens ebenso unannehmbar war wie die der anderen.

Er hatte sich jedoch vollständig geirrt, falls er gemeint hatte, durch sein Paktieren mit der Gegenseite auf meine Kosten ungeschoren zu bleiben. Möglicherweise hatte er die Unnachgiebigkeit verkannt, mit der der Projektleiter sein Ziel eines in seinem Sinne gedanklich in sich stimmigen Bandes verfolgte. Denn dieser arbeitete nach Eliminierung meines Rüstungsbeitrages den Beitrag des Teamleiters ohne dessen Wissen gemäß seiner eigenen „Perspektive" um. Danach händigte er dem bis dahin Ahnungslosen den Text mit der Aufforderung aus, im Anmerkungsapparat die entsprechenden Belege beizubringen. – Der zutiefst betroffene Teamleiter als der eigentliche Autor stellte jedoch den ursprünglichen Wortlaut seines Textes wieder her.

Damit war der Umstrukturierungsversuch des Projektleiters gescheitert. Denn die Eliminierung nun auch dieses, des operativen, Beitrages zu einem Band, in dem die Anfangsphase des Krieges gegen die Sowjetunion darzustellen war, hätte selbst mit dem gesellschaftsgeschichtlichen Ansatz nicht glaubwürdig begründet werden können.

I.8.   Ein Versuch, Forschungsfreiheit auf dem Gnadenweg zu erlangen

Mit der Urteilsverkündung war die Auseinandersetzung keineswegs beendet, und dies hatte einen bestimmten Grund.

Das Verwaltungsgericht hatte meinen Anspruch als Kläger verneint, nach der mir bereits mündlich bekanntgegebenen Entscheidung über den Nichtdruck meines Beitrages diese auch noch schriftlich begründet zu erhalten. Des weiteren hatte es festgestellt, daß es nicht um die Beurteilung der wissenschaftlichen Qualität dieses Beitrages, sondern darum gegangen sei, mir „deutlich zu machen, aus welchen Gründen die von ihm [i. e. mir] verfaßte Arbeit sich – nach Meinung des MGFA – nicht in den vorgegebenen Rahmen einfügt."

Aus dieser Begründung zog ich den Umkehrschluß, daß ein Beitrag selbst dann in ein vom MGFA herausgegebenes Werk paßte, wenn er zwar wissenschaftlich *nicht* einwandfrei war, sich dafür jedoch nach dessen Meinung in den von ihm vorgegebenen Rahmen einfügte. Bei dem für eine Ablehnung genügenden mündlichen Bescheid konnten dem jeweils betroffenen Autor irgendwelche, also auch nicht sachgerechte Gründe genannt werden. Zwar konnte er diese auf ihre sachliche Richtigkeit prüfen, doch wegen des nur gesprochenen Wortes konnte er nicht wirkungsvoll gegen sie vorgehen.

Nach den gemachten Erfahrungen befürchtete ich nunmehr unbegrenzte Willkür, durch die ich die Freiheit der Forschung für die wissenschaftlichen Mitarbeiter des MGFA bedroht sah. Damit deren Gefährdung durch eine rechtsverbindliche Regelung begegnet werden konnte, entschloß ich mich, den Gnadenweg zu beschreiten. Ich richtete eine Petition an den obersten Dienstvorgesetzten, in der ich ihn nach Sachvortrag bat, es den wissenschaftlichen Mitarbeitern des MGFA durch „geeignete organisatorische Maßnahmen" – von denen das Bundesverfassungsgericht in seinem Urteil vom 29. Mai 1973 gesprochen hatte – zu ermöglichen, daß sie ihre wissenschaftlichen Arbeitsaufträge so frei wie möglich erfüllen konnten. – Ich erhielt keine Antwort.

Nahezu ein Jahr später richtete ich eine Ergänzung zu dieser Petition an den obersten Dienstvorgesetzten, in dem ich unter anderem auf einen weiteren Prozeß hinwies, der im Zusammenhang mit der Erarbeitung des 4. Bandes der Weltkriegsreihe geführt worden war. Der Projektleiter hatte vor dem Landgericht Freiburg Klage gegen Joachim Hoffmann, der den Krieg aus der Sicht der Sowjetunion zu bearbeiten hatte, erhoben, weil dieser behauptet habe, er (Deist) „verfälsche die Geschichte und unterdrücke historische Wahrheiten aus ideologischen Gründen."[71]

Die Personalbedingtheit des Problems ließ nach meiner Meinung eine grundsätzliche rechtliche Regelung als erforderlich erscheinen, die – ohne die Rechte des obersten Dienstvorgesetzten zu beeinträchtigen – den wissenschaftlichen Mitarbeitern Schutz vor Willkürakten gewährte. – Ich erhielt wiederum keine Antwort.

Daraufhin machte ich von meinem Petitionsrecht[72] Gebrauch und wandte mich an den Petitionsausschuß des Deutschen Bundestages. Ich bat darum, den von mir dargelegten Sachverhalt zu prüfen und auf eine Entscheidung hinzuwirken, die die praktische freie wissenschaftliche Tätigkeit im MGFA gewährleistete. Jener legte nach Beratung dieses Anliegens dem Deutschen Bundestag einen Antrag zur Erledigung der Eingabe vor.

---

71 Aus den Gründen des Urteils des Landgerichtes Freiburg, verkündet am 19. Juni 1984. – Auf diesen Prozeß wird noch näher eingegangen.

72 Art. 17 des Grundgesetzes bestimmt: „Jedermann hat das Recht, sich einzeln oder in Gemeinschaft mit anderen schriftlich mit Bitten oder Beschwerden an die zuständigen Stellen und an die Volksvertretung zu wenden."

In der Begründung wurde u. a. ausgeführt, der zuständige Ressort-minister[73] habe mitgeteilt, daß er hinsichtlich der Respektierung der Freiheit von Wissenschaft und Forschung im MGFA umfangreiche Untersuchungen eingeleitet habe; diese seien noch nicht abgeschlossen. Es werde ein „Statut" angestrebt, in dem die Rechte und Pflichten aller, vom Dienststellenleiter bis zum einzelnen wissenschaftlichen Mitarbeiter, definiert und festgelegt würden.

Der Petitionsausschuß hielt einen möglichst raschen Abschluß dieser Untersuchungen mit dem Ziel, die Freiheit der Forschung im MGFA in vollem Umfang zu gewährleisten, für angebracht. Da er meine Petition für geeignet hielt, in die derzeitigen Überlegungen einbezogen zu werden, überwies er sie dem Minister als Material.

Nachdem ein halbes Jahr ergebnislos verstrichen war, wandte ich mich an den Minister mit der Bitte um Erledigung der Statutfrage. Daraufhin wurde mir mitgeteilt, daß auch wegen meiner Petitionen geeignete Maßnahmen zur Verbesserung der Organisation wissenschaftlicher Arbeit geprüft würden. Zu gegebener Zeit werde zu entscheiden sein, ob und inwieweit ein Statut realisiert werden könne.

Eine derartige Antwort nach so langer Zeit seit der Materialüberweisung durch den Petitionsausschuß an den Minister ließ mich vermuten, daß die Schaffung eines Statuts nicht mehr beabsichtigt wurde. In der Tat hatte sich dieser mit der ihm für seinen Geschäftsbereich zustehenden Organisationsgewalt für eine andere Maßnahme zur verbesserten Steuerung der wissenschaftlichen Arbeiten im MGFA entschieden. Diese wurde, den Gesamtvorgang beendend, nun angewendet.

Zu diesem Zeitpunkt erhielt das MGFA einen neuen Amtschef.[74] Zeitgleich kam eine weitere organisatorische Maßnahme hinzu: die Berufung

---

73   Damals Manfred Wörner, CDU

74   Dessen bisheriger Chef wurde auf einem anderen Dienstposten verwendet, mit dem Bundesverdienstkreuz ausgezeichnet und befördert. Knapp dreieinhalb Jahre vor dem regulären Ende seiner Dienstzeit wurde er in den einstweiligen Ruhestand versetzt. Schaake, Manfred, „General: Ich versteh's nicht.

eines Wissenschaftlichen Beirates für das MGFA, den der Minister mit Wirkung vom 1. April 1985 einsetzte. Dessen Tätigkeit war ganz auf die wissenschaftliche Arbeit des Amtes bezogen.[75]

Damit war das Problem jedoch nicht gelöst, sondern nach außen verlagert worden. Denn in allen Fällen und damit auch in dem, in dem es – wie geschildert – zu grundlegenden Meinungsverschiedenheiten über Arbeiten von wissenschaftlichen Mitarbeitern kam, konnte der Beirat den Amtschef nur beraten und Empfehlungen aussprechen. Die letzte Entscheidung über eine Veröffentlichung durch das Amt fällte immer dessen Chef.[76]

Verärgerung über Zwangspensionierung," Allgemeine Hessische Nachrichten, 30. Juli 1988.

[75] „Der Beirat hat die Aufgabe, den Minister in konzeptionellen Fragen der militärgeschichtlichen Forschungsarbeit zu beraten, die wissenschaftliche Arbeit begleitend zu fördern und zu bewerten sowie fachliche Kontakte zu wissenschaftlichen Einrichtungen außerhalb der Bundeswehr zu pflegen." Beirat für das Militärgeschichtliche Forschungsamt, bundeswehr aktuell, 21. Jahrgang, Nr. 50, Bonn, 2. Mai 1985

[76] Empfahl der Beirat einhellig, einen Beitrag nicht zu drucken, konnte der Amtschef die Druckerlaubnis dennoch erteilen. Bejahte jener ebenso einhellig den Druck eines Beitrages, konnte dieser ihn trotzdem nicht genehmigen. Dies folgt aus dem Grundsatz, daß Führung unteilbar ist und nur einer, nämlich der Leiter einer Behörde oder Dienststelle, für ihre Tätigkeit die volle Verantwortung trägt. – Bei diesem Sachverhalt fragt es sich, ob die Schaffung eines Statuts, durch das die Rechte und Pflichten aller Betroffenen ebenso eindeutig wie verbindlich geregelt worden wären, nicht zweckdienlicher gewesen wäre. Durch seinen Erlaß wäre allerdings die Amtsgewalt des Chefs eingeengt worden.

I.9.   Die Publikation des Rüstungsbeitrages

Nach Abschluß des Gerichtsverfahrens beschäftigte ich mich eingehend mit der von Hillgruber entwickelten Stufenprogrammtheorie.[77] Sie hatte in der Auseinandersetzung mit dem Leitenden Historiker und dem Projektleiter deswegen – unterschwellig – eine gewichtige Rolle gespielt, weil beide sie als gedanklichen Ausgangspunkt für die Arbeit der Autoren betrachteten. Nachdem ich zu einem Ergebnis gekommen war, wollte ich es in einer Fachzeitschrift, deren Publikationsschwerpunkt auf Beiträgen zur Geschichte des Dritten Reiches lag, veröffentlichen.

Der Beitrag wurde jedoch nicht gedruckt. Mit „atmosphärischen Gegebenheiten", die für seine Ablehnung genannt wurden, wurde eine Scheu umschrieben, Hillgruber so angreifen zu lassen. – Dies konnte jedoch nicht der wahre Grund sein, weil ich nicht ihn persönlich, sondern seine Theorie kritisiert hatte. Das war so deutlich zu erkennen, daß es sich fragte, ob hier nicht professorale „Kollegialität" als Vorwand diente, mit dem das eigene Mißfallen an der von mir vorgetragenen Position verschleiert und ihr Publikwerden verhindert werden konnte. –

Der Gesamtvorgang bis zum Erscheinen meiner Arbeit, den ich eingehend in einem Erfahrungsbericht geschildert habe,[78] wurde Teil einer Monographie, die diejenigen Forschungsergebnisse enthielt, deren Publikation amtlicherseits verhindert worden war. Ich veröffentlichte sie unter dem Titel „Vabanque. Hitlers Angriff auf die

---

77   Diese hatte Hillgruber in seiner Arbeit über „Hitlers Strategie. Politik und Kriegführung 1940–1941", Frankfurt/M. 1965 entwickelt.

78   Schustereit, Hartmut, Autor und Verleger – Partner? Ein Erfahrungsbericht, in: Huffmann, Johann-Friedrich (Hg.): Die großen Themen unserer Zeit. Autoren im Dialog, 26. Ausgabe, Berlin 2018, S. 141–147; Ausführungen zu Rezensionen auf S. 145 f. Vgl. Lutterotti, Nicola von: „Das Schweigen der Forscher. Veröffentlicht wird oft nur das, was gefällt"; Frankfurter Allgemeine Zeitung, 17. Dezember 2003

Sowjetunion 1941 als Versuch, durch den Sieg im Osten den Westen zu bezwingen."[79]

Meine Hauptthese, daß der Angriff auf die Sowjetunion weder langfristig geplant noch vorbereitet worden ist, weil er nach den bisherigen Siegen nur als rasch und ebenfalls siegreich zu beendender Feldzug eingeschätzt wurde, ist durch die Arbeiten Ottmers[80] und Friesers[81] bestätigt worden. In ihnen sind die vorangegangenen Feldzüge gegen Dänemark und Norwegen sowie gegen Frankreich abgehandelt worden.[82]

---

79 Herford 1988. Eine zweite, überarbeitete Auflage erschien 2000.

80 „Bei der Analyse der Vorgeschichte und Vorbereitung des Unternehmens ‚Weserübung‘ hat sich kein Hinweis ergeben, daß die Besetzung Dänemarks und Norwegens Bestandteil eines ‚Stufenplans‘ gewesen ist. […] Tatsächlich hat sich bei der Sichtung der Quellen für die Vorbereitung und Durchführung der Operation kein einziger Hinweis ergeben, daß die Besetzung Dänemarks und Norwegens Bestandteil eines solchen Stufenplans gewesen sein könnte." Ottmer, Hans-Martin, „Weserübung". Der deutsche Angriff auf Dänemark und Norwegen im April 1940, München 1994, S. 151

81 „Das ‚Wunder von 1940‘ ist […] nicht auf eine in der Geschichtsschreibung immer wieder kolportierte ‚Blitzkrieg-Strategie‘ zurückzuführen." Es beruhte hauptsächlich auf den drei Faktoren Wandel des Kriegsbildes, alliierte Fehler und eigenmächtiges Handeln der deutschen Truppenführer. „Der ‚Blitzkrieg‘ von 1940 steht also nicht im Zusammenhang mit jener Hitler zugeschriebenen ‚Blitzkrieg-Strategie‘. Nach dieser Theorie sollte angeblich das große Ziel der ‚Weltmacht‘ oder ‚Weltherrschaft‘ […] etappenweise anhand eines ‚Stufenplans‘ durch das Führen kurzer ‚Blitzkriege‘ erreicht werden. Doch Hitler hatte zu diesem Zeitpunkt keinen Krieg gegen die Westmächte geplant – und schon gar keinen ‚Blitzkrieg‘. […] Der Westfeldzug war somit kein geplanter Eroberungsfeldzug, vielmehr handelte es sich um eine operative Verzweiflungsoperation, um aus einer verzweifelten strategischen Situation herauszukommen. Das sogenannte ‚Blitzkrieg-Denken‘ entwickelte sich erst *nach* dem Westfeldzug. Es war nicht Ursache, sondern Folge des Sieges. Was im Mai 1940 zur allgemeinen Überraschung gelungen war, sollte von nun an als ‚Geheimnis des Sieges‘ der Verwirklichung von Hitlers Eroberungsvisonen dienen." Frieser, Karl-Heinz, Blitzkrieg-Legende. Der Westfeldzug 1940, München 1995, S. 433–435

82 Beide Autoren waren wissenschaftliche Mitarbeiter des MGFA. Da es sich bei ihren Arbeiten um Monographien handelt, gab es – anders als bei den Welt-

I.10.   Noch ein Prozeß

Einige Jahre zuvor – das Petitionsverfahren war noch anhängig – war es im MGFA, wie bereits kurz erwähnt, zu einer weiteren grundsätzlichen Auseinandersetzung gekommen, und zwar wiederum um einen Beitrag zu Band 4 der Weltkriegsreihe. Sie wurde bereits kurz nach ihrem Beginn vor Gericht ausgetragen.

Der Projektleiter Dr. Wilhelm Deist als Kläger verlangte von Dr. Joachim Hoffmann als dem Beklagten, der den Krieg aus der Sicht der Sowjetunion zu bearbeiten hatte, eine Reihe von – einzeln aufgezählten – Behauptungen zu unterlassen und zu widerrufen.[83] – Von ihnen wird eine als beispielhaft für die anderen genannt, um zu zeigen, worum es in der Sache gegangen ist.

Der Beklagte sollte unterlassen, über den Kläger zu behaupten, dieser „habe von dem Beklagten die vollständige und ersatzlose Streichung seines ohnehin knapp genug gehaltenen Kapitels über die ‚Methoden des Vernichtungskrieges‘ auf sowjetischer Seite mit der Begründung verlangt, daß wir schließlich ein ‚deutschlandzentrisches‘ Werk schreiben, in dem hierfür kein Platz sei. Deutschlandzentrisch heiße mit anderen Worten

---

kriegs-Sammelbänden des Amtes – keine Auseinandersetzungen um die „richtige" (= progressive) Perspektive. Sie konnte außerdem deswegen keine Rolle spielen, weil diese beiden Militärhistoriker der anderen wissenschaftlichen Abteilung des Amtes angehörten, deren Errichtung als Konsequenz aus den Auseinandersetzungen um Beiträge zu Band 4 der Weltkriegsreihe verfügt worden war. Daraus wiederum ergab sich, daß Angehörige dieser Abteilung durch ihre Forschungsergebnisse das Dogma von der angeblichen „Stufenprogrammatik" und der von ihr behaupteten „Blitzkrieg-Strategie" widerlegten, das Mitglieder der anderen Abteilung bei sich kompromißlos durchgesetzt hatten.

83   Landgericht Freiburg, Urteil in Sachen Dr. Wilhelm Deist [...] – Kläger – gegen Dr. Joachim Hoffmann [...] – Beklagter – [...] wegen Unterlassung und Widerruf Geschäftsnummer 5063/84, verkündet am 19. Juni 1984. Die Darstellung beruht auf diesem Urteil. Aus der Argumentation des Gerichtes werden diejenigen Punkte gebracht, die für geschichtswissenschaftliches Arbeiten besonders bedeutungsvoll sind.

also Breittreten der Untaten auf deutscher Seite, restloses Verschweigen der Untaten auf sowjetischer Seite; ferner habe er seine amtliche Eigenschaft dazu ausgenutzt, um an den Beklagten das Ansinnen zu richten, seine Zustimmung zu einer groben Verfälschung der Geschichte im Sinne einer Unterdrückung der Untaten des stalinistischen Terrorsystems zu geben."[84]

Die Klage wurde abgewiesen, weil sie unbegründet war. Der Kläger konnte Widerruf und Unterlassung nicht verlangen, „weil es sich bei den beanstandeten Äußerungen im Kern nicht um Tatsachenbehauptungen, sondern um Werturteile handelt, die einem Widerruf nicht zugänglich sind." Der Vorwurf des Beklagten, der Kläger habe mit seinen ihm gegenüber gemachten „Vorschlägen und Anregungen Geschichtsfälschung betrieben", „ist indessen einem Wahrheitsbeweis nicht zugänglich." Dieser würde die Feststellung darüber voraussetzen, was historisch wahr sei. Es sei jedoch Aufgabe der Geschichtswissenschaft, zu einem derartigen Befund zu gelangen, nicht eines Gerichtsurteils, eine solche Tatsachenfeststellung zu treffen.[85] – Dies ist so einleuchtend, daß nur noch nach den Gründen gefragt werden kann, aus denen der Kläger nicht bereits vorher von sich aus darauf gekommen ist. Wäre es anders, brauchte Geschichte nicht mehr von Historikern, sondern könnte gleich von Juristen geschrieben werden.

Ebensowenig wie die Frage, „was wissenschaftlich noch diskussionsfähig ist und was sich jeder Diskussion entzieht", könne die andere Frage, „welche Leitideen historischer Forschung zugrunde gelegt werden sollen", Gegenstand gerichtlicher Tatsachenfeststellungen sein. Anschließend wies das Gericht darauf hin, daß gerade über diese Frage „nach Auffassung des Beklagten unüberbrückbare Gegensätze zwischen den Parteien" bestanden.[86]

Damit war auf eine der Hauptschwächen hingewiesen worden, die nicht nur auch diese Streitigkeiten mitbewirkt hatte, sondern außerdem

---

84   Ebd., S. 6, 1.5

85   Ebd., S. 7 f.

86   Ebd., S. 8

einer von mehreren Gründen war, die zu den Auseinandersetzungen insgesamt geführt hatten, nämlich die Bedingungen für eine gelungene Teamarbeit. Sie sind, wie eingangs erwähnt, nie erörtert oder gar geklärt worden. Daher bedurfte es nur noch eines Lenkungspersonals, das Meinungspluralismus durch Vorgabe einer für alle verbindlichen „Perspektive" ersetzte, und der Casus belli war gegeben.

Es wäre wissenswert gewesen zu erfahren, worin sich die Grundauffassung des Leitenden Historikers von derjenigen der Gesamtdarstellungen des Zweiten Weltkrieges aus Moskau und Berlin (Ost) unterschied, die „neben der wissenschaftlichen eine politische Funktion" haben. Seine Formulierung, daß diese Arbeiten auch eine Grundlage „für die gewünschte historische Bewertung der Rolle der Sowjetunion" in mehrfacher Hinsicht abgeben sollen, ließ ihren ideologischen Wesensgehalt gewiß werden.[87]

Durch die inhaltlich weitgehend aufeinander abgestimmten Einzelbeiträge sollte eine so genehme historische Beurteilung der Geschehnisse erreicht werden, daß sie von allen mitgetragen werden konnte. Derartiges kann jedoch nur von einem Autorenkollektiv zustande gebracht werden, nicht von einem Autorenteam in einem Staat mit freiheitlich-demokratischer Grundordnung.

Die Behauptung des Leitenden Historikers, es sei „gute Tradition des Militärgeschichtlichen Forschungsamtes, in wissenschaftlicher Freiheit arbeiten und publizieren zu können"[88], entspricht mit Blick auf die Entstehungsgeschichte des vierten Bandes der Weltkriegsreihe in keiner Weise der Wahrheit.

---

87 Das Deutsche Reich und der Zweite Weltkrieg, Bd. 1, Einleitung, S. 16. Dazu grundsätzlich Plaggenborg, Stefan: Die strukturelle Sowjetisierung der Geisteswissenschaften, Frankfurter Allgemeine Zeitung, 3. Juli 2019, Nr. 151, S. N 4

88 Ebd., S. 15

I.11. Bilanz

Die Bilanz der Ergebnisse, die die Befürworter einer „modernen" Militärgeschichtsschreibung mit ihrem gesellschaftsgeschichtlichen Ansatz erzielt haben, wirkt auf den ersten Blick so, als ob sie für sie selbst nahezu durchgehend negativ gewesen ist.

— Es gelang ihnen nicht, die Erstellung eines zweisprachigen Ortsnamensregisters zu erreichen, durch das ostdeutsche Orte auch in anderen als deutschen Benennungen aufgeführt wurden.
— Den von ihnen gewollten Titel für die Gesamtreihe konnten sie nicht durchsetzen. In einer anderen, ihnen nicht passenden Formulierung wurde er vom Dienststellenleiter verfügt.
— Es mißlang ihnen, im Titel für den vierten Band mit dem von ihnen favorisierten Ausdruck „Überfall" den ideologisch motivierten Vernichtungskrieg als den gewollten inhaltlichen Schwerpunkt sofort erkennbar zu machen. Sie mußten den sachlichen Begriff „Angriff" hinnehmen.
— Die Ausrichtung des operativ-strategischen Beitrages im Sinne der ihnen genehmen „Perspektive" mißglückte ihnen, weil dessen Autor seine eigene Interpretation durchsetzte.
— Im Beitrag über die Kriegführung der Gegenseite hatten sie vergeblich versucht, das Kapitel über den von der Sowjetunion geführten Vernichtungskrieg zu unterdrücken.

Nur einen bedingten Erfolg konnten sie erzielen. Durch die Eliminierung meines Beitrages war es ihnen geglückt, der erwünschten gedanklichen Vereinheitlichung im Sinne ihrer Sichtweise näherzukommen. Doch die Folgen, die sich hieraus ergaben, ließen dieses Gelingen wie einen Pyrrhussieg erscheinen.

Die mißliebigen Forschungsergebnisse wurden nicht nur publiziert, sondern auf sie folgte eine Überprüfung der Stufenprogrammtheorie, die mit ihrer Widerlegung endete. So merkwürdig es klingen mag: Den Anlaß für sie hatten der Leitende Historiker und der Projektleiter mit ihrer als verpflichtende Vorgabe zu verstehenden Auffassung gelegt, der zufolge diese Theorie die – für sie selbst axiomatisch festliegende – gedankliche Grundlage für die einzelnen Arbeiten zum „Unternehmen Barbarossa" zu bilden hatte. Diese Meinung mit ihrem Verbindlichkeitsanspruch für andere hatte bewirkt, daß die Stufenprogrammtheorie nach Abschluß der Auseinandersetzungen kritisch hinterfragt wurde. Durch den Nachweis ihrer unlogischen Argumentation endete ein Irrweg im Forschungsbereich Zweiter Weltkrieg.

Das Urteil des Verwaltungsgerichtes und die Petition zeitigten Ergebnisse, mit denen die Gegenseite nicht rechnen konnte. Diese hatten nicht unwesentlich zur Gestaltung der organisatorischen Maßnahmen beigetragen, mit denen der oberste Dienstvorgesetzte auf die Vorgänge im MGFA reagierte.

Bis dahin war der Leitende Historiker in seiner Tätigkeit nicht gebunden gewesen. Nun wurde diese durch den Erlaß einer Dienstanweisung reglementiert. Er war nicht mehr für alle, sondern nur noch für diejenigen wissenschaftlichen Mitarbeiter zuständig, die seiner Abteilung angehörten. Auch wenn er seine bisherige Dienstbezeichnung beibehielt und dies daher anders sehen mochte: Er war zum Abteilungsleiter herabgestuft worden.

Mindestens ebenso wichtig war nicht nur für ihn, sondern für alle wissenschaftlichen Mitarbeiter eine weitere organisatorische Maßnahme. Es gab zwei Möglichkeiten, sie inhaltlich zu gestalten.

Die eine Variante bestand darin festzuschreiben, wie die Entscheidung für den Fall zu regeln war, daß der Beitrag eines (jeden!) wissenschaftlichen Mitarbeiters seitens des MGFA abgelehnt, d. h. seine Veröffentlichung dienstlich nicht genehmigt wurde. Die andere Variante bestand in der Schaffung eines Beirates, der die Amtsleitung in wissenschaftlichen Fragen nur zu beraten hatte.

Die erste Möglichkeit bestand darin, mittels eines Statuts festzulegen, daß die Ablehnung des amtlichen Druckes eines Beitrages schriftlich zu erfolgen hatte. In diesem Fall wäre die Amtsleitung verpflichtet gewesen, ihre ablehnende Entscheidung nachprüfbar zu begründen. Dadurch hätte der jeweils betroffene wissenschaftliche Mitarbeiter die Möglichkeit gehabt, argumentativ gegen sie vorzugehen.

Diese sachgerechte Lösung ist nicht verwirklicht worden, weil für den jeweils betroffenen Autor nicht nur Rechtssicherheit geschaffen, sondern zugleich die Machtbefugnis der Amtsleitung begrenzt worden wäre.

Statt dessen kam es zur Berufung eines Beirates. Dieses Gremium besaß zwar gewisse Einwirkungsmöglichkeiten auf die Forschungsvorhaben, konnte von der Amtsleitung jedoch gleichzeitig dazu genutzt werden, die eigene Machtposition gegenüber den wissenschaftlichen Mitarbeitern zu verstärken. Je nach seiner jeweiligen Zusammensetzung konnte der Beirat gegen die Mitarbeiter eingesetzt werden.

Das Problematische dieser Lösung bestand also in ihrer Personalisierung. Alles hing davon ab, ob sich die Mitglieder des Beirates dem Prinzip der wissenschaftlichen Wahrheitsfindung verpflichtet fühlten oder ob sie den für sie so bequemen Weg wählten, sich mit der Amtsleitung zum Nachteil für den jeweiligen Autor zu arrangieren.

Da sich der Beirat in diesem Sinne betätigte, wies er selbst die Sachwidrigkeit und Sinnlosigkeit seiner Existenz nach. Dies zeigte sich an der Art und Weise, in der er sich zu den Vorgängen um meinen Beitrag zur Bundeswehrverwaltung verhielt.[89]

Die so ernüchternd wirkende Schlußbilanz des Versuches, den gesellschaftsgeschichtlichen Ansatz im vierten Band der Weltkriegsreihe durchzusetzen, sollte allerdings nicht den Blick dafür verstellen, daß ihre Befürworter ihren wichtigsten Vorsatz verwirklicht haben. Durch die inhaltliche Schwerpunktverlagerung vom militärisch-operativen auf

---

89   Vgl. unten S. 139f.

den ideologischen Teil konnten sie nachhaltig den Eindruck suggerieren, daß nicht nur das deutsche Ostheer, sondern gleich die ganze Wehrmacht eine „verbrecherische Organisation" gewesen war.

Dieser Sachverhalt ist viel bedeutsamer als der, daß sich das – beim vierten Band der Weltkriegsreihe besonders intensiv versuchte – Vorhaben, einen möglichst in sich stimmigen Gesamtband zu gestalten, als völlig kontraproduktiv erwiesen hat. Es wurde später nicht nur aufgegeben, sondern es hat sich in Gegenteiliges verändert.

Zu den beiden Teilen des Gesamtbandes 9 dieser Reihe, die zwanzig Jahre nach jenem erschienen sind, bemerkt ein Rezensent, daß ihre dreiundzwanzig Beiträge nur eins gemeinsam hätten, nämlich ihre *Heterogenität*. „Ohne es zu wollen und zu reflektieren" (!), werde in ihnen genau das abgebildet, was man sich fortan unter dem Dritten Reich vorstellen solle – „jedenfalls kein in sich geschlossenes, rational agierendes Macht- und Terrorgebilde"[90]. Auf die Frage, was es dann gewesen sei, hätten die Autoren – was „keineswegs als Vorwurf gemeint" sei – vergeblich versucht zu antworten. Es „ergibt sich weder ein eindeutiges, geschweige denn ein geschlossenes Bild"[91], weswegen eine schlüssige Gesamtbilanz für diesen Band nicht möglich sei.

Auch wenn sich der gesellschaftsgeschichtliche Ansatz nicht dauerhaft hat verwirklichen lassen, so ist er doch geschichtspolitisch ergiebig gewesen.

Seit den 1970er Jahren verstärkte sich allmählich die Tendenz, immer mehr die politische Mitverantwortung und die sich aus ihr ergebende Mit-

---

90   Salewski, Michael: Alptraum der Moderne. Das Militärgeschichtliche Forschungsamt wiegt den Landser und wägt die deutsche Gesellschaft im Krieg; FAZ, 19. Oktober 2005

91   So beurteilt der Rezensent die ernüchternden Ergebnisse, die „nahezu allesamt auf ein Sowohl-als-auch hinaus[laufen]: Die deutschen Soldaten waren sowohl politisch indoktriniert als auch dagegen immun; sie kämpften in aussichtsloser Lage für ‚Volk und Vaterland' und für die eigene Primärgruppe, sie waren für die ‚Errungenschaften' des Nationalsozialismus empfänglich und kritisierten ihn zugleich." Ebd.

schuld von „Eliten" – z. B. diplomatischer Dienst, Justiz, Verwaltung und Wirtschaft – in den Mittelpunkt zu rücken. Da traf es sich für die Protagonisten dieser Richtung günstig, daß Messerschmidt mit einigen seiner Arbeiten den Boden dafür bereitet hatte, daß sie nun auch „die" Wehrmacht (nebst der Militärgerichtsbarkeit) bei den Schuldigen einreihen konnten.

So stellte sich denn einem dieser Autoren hinsichtlich der Meinung, der deutsche Soldat habe doch nur, seinen Vorgesetzten gehorchend, für sein Land gekämpft, die für ihn entscheidende Frage, „ob es historisch redlich und somit verantwortbar" sei, den deutsch-sowjetischen Krieg „im Nachhinein zu entpolitisieren". Anschließend wurde hervorgehoben, daß Messerschmidt diese Sicht zurechtgerückt – und das heißt ja wohl: politisiert – habe.

Die Behauptung, es habe, „unter Ausklammerung der politischen Zusammenhänge, eine ‚metiergebundene Tradition' für das Militär" geschaffen werden sollen, ist entweder in Unkenntnis oder im Verschweigen der zunächst geltenden Konzeption des MGFA aufgestellt worden. Obwohl sie – was offenbar für unwesentlich gehalten wurde – falsch ist, wurde gesagt, daß Messerschmidt einem derartigen Anliegen mit dem Hinweis begegnet sei, im Ostkrieg sei von den Soldaten ein Verhalten gefordert worden, das die überlieferten Regeln der Kriegführung eindeutig gesprengt habe. „Indem die Wehrmacht die Aufgabe akzeptiert habe, sich an der Ausrottung der Träger des ‚jüdisch-bolschewistischen Systems' zu beteiligen, indem sie sich somit bereit erklärt habe, rechtswidrige und verbrecherische Handlungen zu vollziehen, sei sie objektiv zur ‚Schwertspitze des Unrechtssystems' geworden."[92]

---

92 Wette in seiner Einleitung zu: Ueberschär, Gerd R. / Wette, Wolfram (Hrsg.), „Unternehmen Barbarossa". Der deutsche Überfall auf die Sowjetunion 1941. Berichte, Analysen, Fakten, Paderborn 1984, S. 23 f. Wie skrupellos Stufenprogrammatiker ihre ideologiefixierte Sicht durchzusetzen versuchen, zeigt sich an einer ebenso rechtswidrigen wie das wissenschaftliche Arbeitsethos gänzlich mißachtenden Weise: Einer dieser beiden Hausausgeber hat den operativen Teil im 4. Band der Weltkriegsreihe ohne Wissen seines Verfassers in eine seiner eigenen Perspektive eintsprechenden Fassung umgeschrieben. Dazu bemerkt

Ebenso wie in der marxistisch-leninistischen Literatur zur Geschichte des Zweiten Weltkrieges wurde anschließend auch hier, ganz auf der gedanklichen Linie Messerschmidts, ein aktueller Bezug hergestellt: „Aus diesem Grunde kann die Wehrmacht keine für die Bundeswehr gültige Tradition verkörpern. [...] Vor dem Hintergrund des verbrecherischen Krieges gegen die Sowjetunion wird selbst das Herausstellen soldatischer Loyalität als Traditionswert problematisch.“[93]

Hiermit wurde anerkennend bestätigt, daß auch Messerschmidt den Boden für immer neue Arbeiten bereitet hat, in denen versucht wird, die Wehrmacht – nach seiner Formulierung „stählerner Garant“ des NS-Systems[94] – insgesamt so zu kriminalisieren, daß sie als „verbrecherische Organisation“ gebrandmarkt werden kann.

Die Auseinandersetzung um sie erreichte ihren Endpunkt im Zusammenhang mit der 1995 eröffneten (ersten) Wehrmacht-Ausstellung. Die Behauptung, die überwiegende Mehrzahl der Angehörigen des deutschen Ostheeres sei im Krieg gegen die Sowjetunion an Verbrechen beteiligt gewesen, gehörte zu der ungewöhnlich hohen Zahl an Sachfehlern, die schließlich ihre Initiatoren zwangen, sie zurückzuziehen. In Wirklichkeit konnten es, wie anhand der Zahl der beteiligten Heeresverbände nachgewiesen wurde,[95] nur knapp zwei Prozent gewesen sein.[96]

Ahto (vgl. Anm. 46), daß der Beitrag im offiziellen Band wohl nach dieser Sichtweise hätte gebracht werden sollen. Im übrigen: vgl. Anm. 87

93   Ebd.

94   Messerschmidt, Manfred, Kein gültiges Erbe. Weil die Wehrmacht Hitlers Regime überzeugt bejahte, verbieten sich die Jahre 1933–1945 für eine Traditionspflege der Bundeswehr, Süddeutsche Zeitung, 21./22. Februar 1984.

95   Schustereit, Hartmut, Gutachten zur Einleitung von Heer, Hannes / Naumann, Klaus (Hg.): Vernichtungskrieg. Verbrechen der Wehrmacht 1941–1944, Hamburg 1995 und den Beiträgen Heer: Killing Fields. Die Wehrmacht und der Holocaust, S. 55–77 sowie: Die Logik des Vernichtungskrieges. Wehrmacht und Partisanenkampf, S. 104–138, Wien 1995, S. 13.

96   Ohne sich zu den in FN 95 genannten zwei Prozent zu äußern, gibt Hartmann, Christian (Verbrecherischer Krieg – verbrecherische Wehrmacht? VZG 2004, S.

Die in dieser (Doppel-)Ausstellung vorgenommene, in ihrer Pauschalität sachlich unhaltbare Diskriminierung der Angehörigen des deutschen Ostheeres hat – von den Ausstellungsmachern sicherlich unerwartet – dazu geführt, daß mit einer differenzierenden Untersuchung des Sachverhaltes begonnen worden ist. Sie hat mit ihren Ergebnissen zu erheblichen Korrekturen des von jener gezeichneten Bildes geführt.

Wie weit die Polemik gegen das deutsche Ostheer von den historischen Tatsachen entfernt gewesen ist, zeigt sich an folgendem: Seit dem damaligen kriegerischen Geschehen selbst – also von Anfang an – war allgemein bekannt, daß die Masse der deutschen Soldaten (fast 90 %!) an der Front kämpfte. Wäre diese Tatsache ihrer Bedeutung gemäß zur Kenntnis genommen worden, wäre es unmittelbar einsichtig gewesen, daß sie deswegen kaum an Verbrechen, die im Hinterland geschahen, beteiligt gewesen sein konnte.

---

71) – von einem anderen Autor genannte – fünf Prozent an. Mit Blick auf die ca. zehn Millionen eingesetzter Soldaten erscheint auch diese Zahl als gering. Er meint, daß es sich jedoch anders verhält, wenn es um absolute Zahlen geht. Dies stimmt nicht, weil beide Zahlenangaben – ob in Prozent oder in Ziffern – gleichermaßen ,absolut' sind. – Da er die höhere Zahl (5%) zugrunde legt, hätte immerhin „eine halbe Million gegen Recht und Sitte verstoßen". Mit Blick auf die zwei Prozent bedeutet dies, daß nicht 200'000, sondern 300'000 deutsche Soldaten mehr (!) rechts- und sittenwidrig gehandelt hätten. – Soll mit dieser auf einer bloßen *Annahme* beruhenden Aussage, daß eine ohnehin *nur geschätzte* größere Täterquote zutreffen *könnte,* suggeriert werden, daß deutsche Soldaten doch massenhaft verbrecherisch gehandelt haben?

II. Eine zivile Wehrverwaltung für die Streitkräfte

II.1. Vorbemerkung[97]

Mögen die Resultate des Vorsatzes, die Darstellung eines bestimmten Geschichtsbildes zu erzwingen, im Einzelfall noch so kärglich sein, so verhindern sie dennoch keines der stets erneuerten Vorhaben, es wieder zu versuchen. Dies soll an einem weiteren Beispiel gezeigt werden, an dem sich eine negative Kontinuität – Jahrzehnte nach den bisher dargestellten Vorgängen – erweist.

Vorweg sei auf eine Eigentümlichkeit hingewiesen: Die ursprüngliche Konzeption für das Gesamtprojekt, in mehreren Bänden die „Anfänge westdeutscher Sicherheitspolitik" umfassend darzustellen, enthält nichts (!) über das Thema Bundeswehrverwaltung (BWV). Dessen Erarbeitung war nicht vorgesehen.

Es mochte so scheinen, als ob sie damals als gar nicht als zur Bundeswehr gehörend betrachtet wurde. Dieser Eindruck könnte auch jetzt noch entstehen, weil auf dreieinhalbtausend Seiten zwar zahlreiche Aspekte erörtert werden, die Darstellung der einen Hälfte der Bundeswehr, die die Bundeswehrverwaltung nun einmal ist, jedoch vollständig fehlt. Wie es dazu gekommen ist, wird nun gezeigt.

---

97 *Der Anmerkungsapparat für diesen Teil enthält nur wenige Nachweise in den Fußnoten. Alle dargelegten Tatsachen kann ich durch Dokumente wie zahlreiche Mitschriften und Aktennotizen belegen und sie jederzeit beibringen.*

II.2. Beitrag für einen Sammelband oder als Sonderpublikation?

Nach den geschilderten Vorkommnissen wurde ich nicht mehr als Autor für ein Thema in einem der Folgebände der Weltkriegsreihe im Forschungsbereich II eingesetzt, sondern einem anderen, dem Forschungsbereich III, zugeteilt. In ihm sollte die Vor- und Entstehungsgeschichte der Bundeswehr dargestellt werden.

Dieses Projekt wurde von Anfang an von einer externen Kommission unter Leitung eines ehemaligen Generalinspekteurs begleitet. Dieser oblag es unter anderem, im Ministerium die Herabstufung geheimer Akten zu bewirken, um sie der Forschung frei zugänglich zu machen.

Dies war von besonderer Bedeutung, weil die Beiträge aus Aktenbeständen zu erarbeiten waren, die großenteils noch als „geheim" mit einer Sperrfrist von dreißig Jahren eingestuft waren. Erst wenn sie herabgestuft und damit für die Benutzung freigegeben waren, konnten die Termine für die Fertigstellung der einzelnen Beiträge sicher festgelegt werden.

Hinzu kam ein internes Problem. Für das Projekt, das in ursprünglich zwei, dann drei, schließlich vier Bänden verwirklicht werden sollte, hatte der Projektleiter keine vollständige, in sich schlüssige Gesamtkonzeption entwickelt. Als ihm dies einer der Autoren in einer Sitzung der Projektgruppe vorhielt und hinzufügte, daß er seine Bedenken überall rechtzeitig vortragen werde, erhielt er nur zur Antwort, daß das nichts nütze, weil alles entschieden sei.

Diese problematischen Gegebenheiten spiegelten sich in einem Punkt des wissenschaftlichen Arbeitsauftrages wider, den mir der Amtschef Anfang Januar 1982 erteilt hatte. Ohne mich zu informieren, wurde verfügt, daß ich das Thema „Problem des Aufbaus einer Wehrverwaltung 1949–1956" innerhalb von drei Jahren mit einem Umfang von 250 Schreibmaschinenseiten einschließlich der Anmerkungen erarbeiten sollte. Als Ziel wurde eine „Sonderpublikation im Rahmen des Arbeitsvorhabens ‚Entstehungsgeschichte der Bundeswehr'" festgelegt.[98]

Aus dieser Formulierung ließ sich auf die Form schließen, in der die Veröffentlichung erfolgen sollte. Daß sie so vage gehalten worden war, erklärte sich möglicherweise mit Blick auf die anderen Mitarbeiter an diesem Projekt. Sie alle hatten ihren jeweiligen Beitrag als Teil für einen der Sammelbände zu verfassen. Mit „Sonderbeitrag" wurde vermieden, sie sogleich als Monographie – d. h. als einzige eigenständige Publikation – erkennbar zu machen, um so – zumindest zunächst – denkbarem Protest auszuweichen.

Der Projektleiter war zunächst für die Lösung „Sonderbeitrag". Als er mich der Kommission vorstellte, wies er auf meinen geplanten monographischen Beitrag hin, der die Vorgeschichte der Bundeswehrverwaltung (BWV) behandeln werde und als „Beiheft" zu den drei Bänden geplant sei.[99]

Anschließend wurde lebhaft darüber diskutiert, ob es nicht besser sei, eine Abhandlung über die BWV in den dritten Band zu integrieren, um nicht den Verdacht zu erwecken, sie gehöre nicht zur Bundeswehr. Dies lehnte der Projetleiter zwar wegen rein technischer Schwierigkeiten, d. h. wegen des vorgesehenen Umfanges, ab, relativierte jedoch vorsichtshalber seine Auffassung dahingehend, daß über die endgültige Form noch nicht entschieden sei. Da sich die Kommission über sie noch nicht klar war, sollte diese Frage von ihr nochmals besprochen werden.

Dies tat sie in ihrer nächsten Sitzung. Der Kommissionsvorsitzende bezeichnete eine Arbeit über die BWV, thematisch gesehen, als so substantiell, daß sie innerhalb des Gesamtwerkes erscheinen und in den dritten Band aufgenommen werden solle. Er fügte hinzu, daß diese Frage in einer Kommissionssitzung abermals besprochen werden würde.[100]

---

98 MGFA Amtschef, 14.01.82, Betr.: Wiss. Arbeitsauftrag P1/82

99 Prot. der 21. S. v. 29.01.82 der Kommission „Entstehungsgeschichte der Bundeswehr" (Kom. „EGeschBw"), S. 5, zu 6.

100 Prot. der 22. S. v. 25.11.82 in Bonn der Kom. „EGeschBw", S. 7

Als ich den Projektleiter daraufhin schriftlich bat, dies während deren nächster Sitzung zu klären, antwortete er mir mündlich, es solle bei „Monographie" bleiben. Die Kommission begleite das gliederungsmäßig festgelegte dreibändige Projekt, nicht alle Arbeiten des Amtes zur Bundeswehrgeschichte.

Anderthalb Jahre später war immer noch nichts entschieden. Während der Besprechung im Forschungsbereich III zur Vorbereitung auf das nächste Gespräch mit der Kommission im Dezember 1983 fragte ich unter Hinweis darauf, daß die anderen Mitarbeiter nach fünf Jahren ihre Arbeit vorzulegen hatten, warum ich dies bereits nach drei Jahren tun sollte. Innerhalb dieses Zeitraumes sei das Thema nicht vollständig zu erarbeiten.

Der Projektleiter wich einer präzisen Antwort aus und meinte nur, man könne über eine eventuelle Terminverlängerung ja sprechen. Hinsichtlich der Art der Veröffentlichung meiner Arbeit blieb er weiterhin bei seiner Auffassung, ich solle darauf nicht eingehen. Dem Kommissionsvorsitzenden schrieb er anschließend nur, daß es ihm hauptsächlich darum gehe, Anregungen bezüglich des Inhaltes meiner zeitlich übergeordneten Studie zu erhalten.

Für mich war die Klärung gerade auch dieser Frage so wichtig, daß ich seine Meinung unbeachtet ließ. Nachdem ich in der Kommissionssitzung ausführlich über mein Thema referiert hatte, erörterte ich zwei wichtige formale Punkte:

Die Feingliederung der Arbeit würde erst gegen Ende des Aktenstudiums möglich sein, nämlich dann, wenn sich erkennen lasse, welche Themenkomplexe so dicht belegbar seien, daß eine gesicherte Darstellung aus den Quellen gewährleistet sei. Es würden möglichst viele, mindestens aber diejenigen thematischen Teilbereiche erarbeitet, die im Hinblick auf die termingerechte Fertigstellung des Rohmanuskriptes verfaßt werden könnten.

Da der Termin für mich verbindlich war, bat ich um Klärung zunächst dieser und dann der weiteren Frage, in welcher Form mein Beitrag veröffentlicht werden sollte. In dem mir erteilten Arbeitsauftrag war „Monographie" festgelegt worden, doch da inzwischen die Meinung vertreten wurde, er solle als einer derjenigen für den dritten Band oder in zwei Hälften in die Bände zwei und drei aufgenommen werden, war zu klären, was gelten sollte.

In der Kommission waren die Meinungen geteilt. Während eines ihrer Mitglieder eine Monographie über die Wehrverwaltung begrüßte und anregte, eine Reihe – einzeln genannter – genereller Überlegungen zu behandeln, äußerte sich der Vorsitzende anders: Die Kommission werte die Darstellung über die Anfänge der Bundeswehrverwaltung „als ein unentbehrliches Kapitel im Gesamtwerk und empfiehlt nach Möglichkeit, von der Form einer gesonderten Publikation Abstand zu nehmen."[101]

Dies sollte deswegen so sein, um, wie bereits erwähnt, durch Aufnahme der Abhandlung über die BWV in einen der Sammelbände erst gar keinen Verdacht aufkommen zu lassen, sie gehöre wegen ihrer äußeren Erscheinungsform als eigenständige Abhandlung nicht zur Bundeswehr.[102]

Zu den beiden Kernproblemen in der Frühphase der Bundeswehr zählte nach den Worten des Vorsitzendes das „Gebiet der Verwaltung, das politisch strittiger gewesen" sei als die meisten millitärischen Probleme.

Das traf zu. Der heikelste Punkt war, auch wenn er nicht beim Namen genannt wurde, derjenige des Status der BWV. Natürlich war sie ein Teil der Bundeswehr, jedoch sollte sie jetzt nicht mehr zu den Streitkräften gehören, sondern eine selbständige, d. h. von ihnen unabhängige Organisation werden.

Während der nächsten Sitzung der Kommission sollten unter ande-

---

101 Protokoll der 24. Sitzung der Kom. „EGeschBw" am 09.12.1983 in Freiburg, Tagesordnungspunkt 4, S. 7 f.

102 Prot. der 21. S. v. 29.01.82 der Kom. „EGeschBw", S. 5, zu 6.

rem Überlegungen zur Zusammenfassung des Beitrages über die BWV mit demjenigen über Rechtsfragen, die sich durch den geplanten Aufbau deutscher Streitkräfte ergaben, angestellt werden. Zu den wesentlichen Gesichtspunkten wurde das neue Konzept für die BWV genannt, nämlich verfassungsrechtliche Überlegungen aus einem anderen als dem bisherigen Staatsverständnis sowie politische, „die durch Gewaltenteilung und mißverstandenes Wort der Kontrolle".[103]

Mit dieser Formulierung hatte der Kommissionsvorsitzende das Kernproblem behutsam umgangen, das unter dem Schlagwort „Kontrolle der Soldaten durch Beamte", denen von jenen keine Befehle oder Weisungen mehr erteilt werden konnten, heftigste Auseinandersetzungen um den Zivilstatus der BWV ausgelöst hatte. – Diese konzeptionellen Erwägungen liefen darauf hinaus, das Gesamtprojekt um einen zusätzlichen Band zu erweitern.

Bei der vorbereitenden Besprechung dieser Sitzung teilte der Projektleiter mit, daß keine Darstellungen vorgesehen seien, die direkt ineinandergreifen würden. Es sei also „kein logischer Band" Verwaltung und Recht vorgesehen. Bei dem geplanten vierten Band handele es sich um zwei eigenständige Bände.

Dies veranlaßte den die militärrechtliche Fragestellung bearbeitenden Autor vorzuschlagen, erst dann über die Art der Veröffentlichung zu sprechen, wenn die beiden Manuskripte erarbeitet worden seien. Sie besäßen inhaltlich kaum Berührungspunkte. Wer sich über die Rechtsproblematik informieren wolle, werde nicht die Darstellung über den Aufbau der Wehrverwaltung lesen wollen. Umgekehrt gelte das gleiche.

Zu dieser zutreffenden Sichtweise wollte oder konnte sich der Projektleiter nicht äußern und meinte nur, er wolle der Kommission darüber nicht die Entscheidung überlassen.

Wie belanglos diese seine Absicht war, zeigte sich an der Empfehlung

---

103 Außerdem wurden nicht weiter erläuterte „psychologische Ursachen (Wehrmacht)" genannt. Protokoll der 24. Sitzung...; vgl. FN 101

der Kommission, die sie anläßlich dieser Sitzung aussprach. Die Themen „Rechtsfragen des deutschen Verteidigungsbeitrages" und „Wehrverwaltung" sollten als zeitlich übergreifende Themen in einem bisher nicht konzipierten vierten Band zusammengefaßt werden. Mit der näheren Gestaltung dieses Bandes werde sich die Kommission zu einem späteren Zeitpunkt beschäftigen. –

Hier ist eine Bemerkung zur Bedeutung der „Empfehlungen" notwendig, die die Kommission immer wieder aussprach.

Im umgangssprachlichen Gebrauch ist eine Empfehlung ein Vorschlag, etwas Bestimmtes zu tun oder zu unterlassen. Ihr Wesen liegt in ihrer Unverbindlichkeit, weil ihr entsprochen werden kann, aber nicht muß.

Die „Empfehlungen" der Kommission waren inhaltlich jedoch etwas ganz anderes. Mit dieser Tarnvokabel war das gemeint, was im militärischen Bereich „Befehl", im zivilen „dienstliche Weisung" ist, d. h. etwas, das, wenn auch in unterschiedlicher Stärke, jedoch immer mit dem Anspruch auf Befolgung, d. h. auf Gehorsam, erteilt wird. Durch „Empfehlungen" dieser Art konnte sie die Gestaltung der Beiträge für das Gesamtprojekt ständig in dem von ihr gewollten Sinne beeinflussen. –

In einer Sitzung des Forschungsbereiches III wiederholte der für die Bearbeitung der Rechtsfragen zuständige Mitarbeiter zunächst seine bereits früher geäußerte Auffassung, hinsichtlich des Druckes der Beiträge erst nach ihrem Vorliegen zu entscheiden. Dem entgegnete der Projektleiter, daß das nicht gehe, weil das auch der Amtschef nicht wolle. Es sei illusorisch, darüber zu diskutieren.

Jetzt war für den anderen das Maß des Zumutbaren voll, und er wurde deutlich: Den vierten Band habe niemand gewollt; er sei in gewisser Weise oktroyiert worden. Während die ersten drei Bände in sich mehr oder minder geschlossen seien, sei der vierte ein nicht harmonisch gestalteter Annexband. Er sehe nicht ein, warum sich die Projektgruppe der unattraktivsten Gestaltung des vierten Bandes nicht widersetze.

Besonders gewichtig war seine Kritik hinsichtlich des Teiles, in dem

Rechtsfragen zu erörtern waren. Da er in seinem Beitrag völkerrechtliche und staatsrechtliche Probleme zu behandeln hatte, war in ihm die Darstellung der Wehrgesetzgebung nicht vorgesehen.[104] Dies monierte er heftig.

Auf alle diese zutreffenden Vorhaltungen ging der Projektleiter, wie früher schon, auch jetzt – und weiterhin – inhaltlich nicht ein. Er meinte nur, daß man das zwar wisse, doch man könne keine neue Konzeptionsdiskussion beginnen. Dann forderte er den anderen auf, sich als kompromißfähig zu erweisen.

Die Kommission trug das ihrige dazu bei, daß das Gesamtprojekt zu einem Torso wurde.

Während der Planung einer Europäischen Verteidigungsgemeinschaft (EVG) von 1952 bis 1954, die Kontingente aus sechs Ländern umfassen sollte, spielte das Thema Militärgerichtsbarkeit eine erhebliche Rolle. Doch für die Frage der Schaffung eines Militärstrafgesetzbuches allein für die Bundeswehr erachtete der Kommissionsvorsitzende es als nicht erforderlich, dieses Thema abzuhandeln, weil seiner Meinung nach nur das dargestellt werden sollte, was über die EVG-Phase hinauswirkte.[105]

Diese Auffassung war bar jeden Verständnisses für die Methodik geschichtswissenschaftlichen Arbeitens. Würde so vorgegangen, alles wegzulassen, was bei der Beschreibung dessen, das in einer jeden historischen Epoche zwar wichtig gewesen ist, jedoch nicht über sie hinausgewirkt hat, wäre historische Arbeit sinnlos. Eine Darstellung, in der nur das geschildert worden wäre, was aus der supranationalen EVG- in die nationale Bundeswehrphase nachwirkte, wäre so sachwidrig gewesen, daß sie wertlos gewesen wäre.

Ein Beispiel: Der Europäische Verteidigungskommissar war nicht der Vorläufer des nationalen Bundesministers *für* Verteidigung. Sollte er

---

104   S. Prot. der 27. Sitzung der Kom. „EGeschBw" vom 06.12.1985

105   Prot. der 24. Sitzung der Kom. „EGeschBw" am 09.12.1983 in Freiburg, Tagesordnungspunkt 4, S. 7

dennoch – trotz seiner zentralen Bedeutung für die EVG! – unerwähnt bleiben und wortlos übergangen werden?!

Ein weiteres, ebenso problematisches Beispiel: Im EVG-Vertrag, der vom Februar 1951 bis zum Mai 1952 ausgehandelt wurde, war die bisher in allen Armeen übliche Schaffung einer Militärverwaltung innerhalb des Kommandobereichs vorgesehen. Daneben wurde in der Dienststelle Blank (dem Vorläufer des deutschen Verteidigungsministeriums) trotz zweifelhafter Rechtsgrundlage die Errichtung einer zivilen, vom Kommandobereich unabhängigen Wehrverwaltung geplant. Es wäre schlechterdings unvertretbar gewesen, die Planungen für eine militärische Wehrverwaltung für die EVG zu verschweigen und nur deren zivile deutsche Planung in dieser Phase zu berücksichtigen.

Fehlte dem Kommissionsvorsitzenden wirklich das historische Gespür dafür, daß ein Aspekt, der für eine bestimmte Zeitspanne für die Gesamtdarstellung wichtig gewesen war, nur deswegen wegfallen sollte, weil er wegen veränderter Gegebenheiten nicht mehr erörtert wurde? Oder sollte durch stillschweigendes Übergehen heikler Fragen vermieden werden, daß sie erst gar nicht zur Sprache kamen?

Was auch immer zutreffen mochte – daß so ein Dilettant seine unqualifizierte Meinung zur Geltung bringen konnte, lag nicht nur daran, daß der Projektleiter auf dem Gebiet der Militärgesetzgebung keinerlei Fachkenntnisse besaß, sondern ebensosehr daran, daß er sich als der Leiter des Projektes einfach vorschreiben ließ, in welche Richtung dieses zu verwirklichen war. Das Entscheidendste war jedoch, daß er für das Gesamtprojekt keine gründlich durchdachte und daher tragfähige Konzeption entwickelt hatte.

Dieser grundlegende konzeptionelle Mangel zeigte sich besonders darin, daß die Behandlung des Themas „Wehrverwaltung" überhaupt nicht berücksichtigt worden war. Wäre ein Beitrag über sie von Anfang an geplant gewesen, hätte er, wie gelegentlich gemeint wurde, in zwei Teilen – im zweiten Band für die EVG-, im dritten Band für die nationale

Phase – gebracht werden können.[106] Vor allem aber: Es hätte sich sofort herausgestellt, daß dieses Thema in keinem Fall so umfassend erarbeitet werden konnte, daß alle wesentlichen Aspekte abgehandelt wurden.

Ein weiterer wichtiger Punkt, aus dem sich grundlegende Probleme ergaben, war strukturell bedingt. Wie jede Dienststelle des Öffentlichen Dienstes war auch das MGFA hierarchisch gegliedert. Mit Blick auf den Wissenschaftsbetrieb war dessen Organisation jedoch unangebracht. Die Angehörigen der höheren Besoldungsgruppen hatten immer zu leiten, selbst dann, wenn sie mit einer Materie, die partiell zu erforschen war, nicht einmal in ihren Umrissen vertraut waren.

Hinzu kam eine personelle Gegebenheit. Der Projektleiter besaß keinerlei Sachkenntnis über staatliche Verwaltung im allgemeinen und über Militärverwaltung im besonderen. Wie er sich in allem verhielt, wenn er entweder sachlich – wie so oft – nichts zu erwidern wußte oder wenn ihm sonst etwas nicht paßte, soll zur Erläuterung vor Beginn der Auseinandersetzung um meinen Beitrag skizziert werden. Dabei geht es vor allem um seine wissenschaftliche Arbeitsweise.

In einem Gespräch teilte ich dem Projektleiter mit, daß ich einleitend über den Stand der Forschung berichten und dann das Thema abgrenzen wollte.

Zu ersterem meinte er lapidar, daß der Leserkreis zu berücksichtigen sei, für den geschrieben werde. – Ein solcher, d. h. nur ein einziger, war nicht zu erwarten. Diejenigen, die sich mehr als andere für das Thema interessierten, waren zum einen Angehörige der BWV, zum anderen Wissenschaftler wie Verwaltungs- und Rechtshistoriker und Organisationssoziologen.

Zu „Abgrenzung des Themas" meinte er, man solle einfach losschreiben und nicht sagen, was man alles nicht bringe.

Soviel Verständnislosigkeit war nicht zu erwarten gewesen. Da we-

---

106 Aus konzeptionellen Gründen hätte sich dies allerdings doch nicht verwirklichen lassen.

gen fehlender Vorarbeiten, auf die ich hätte zurückgreifen können, *alles* Wesentliche zu bringen gewesen wäre, doch wegen der Fülle des Stoffes nicht gebracht werden konnte, *mußte* das Thema abgegrenzt werden. Es war zwingend notwendig darzulegen, daß selbst wichtigste Teilbereiche nur deswegen nicht abgehandelt werden konnten, weil es den Umfang der Arbeit gesprengt hätte.

Als er dann noch hinzufügte, man solle nicht zu wissenschaftlich schreiben – d. h. hinsichtlich der Methodik zwar schon, aber sonst nicht so sehr –, hielt ich es für zwecklos, ihn zu fragen, was er unter einer „nicht zu wissenschaftlichen Schreibweise" verstand.

Seine Auffassungen hat der Projektleiter unverändert beibehalten und sie auch noch zwanzig Jahre *nach* der hier gleich zu schildernden Auseinandersetzung praktiziert, wie in seiner Arbeit über ein Thema aus dem monarchischen Deutschland.[107] Diese beurteilte ein Rezensent[108] im formalen Bereich so:

Zwar sei es zu verschmerzen, daß „die anfängliche Stringenz in der Argumentation nicht bis zum Ende durchgehalten wird, doch befremdend wirkt die Verwendung zeitgenössischer Begriffe, die im heutigen Sprachgebrauch nach der Erfahrung des Nationalsozialismus zu vermeiden sind: ‚Deutschtum', ‚Polentum', ‚Fremdvölkische'. Zudem wimmelt der Text von Fehlern, die nicht nur die Rechtschreibung betreffen. Daten sind falsch, Nachweise fehlen, hin und wieder halbe Sätze. Und dann die Namen", von denen der Rezensent mehrere aufführt. Auch wenn man die Preußen nicht mögen müsse, solle man „die Namen, die man nennt, wenigstens richtig schreiben." Fazit: „Das macht die Lektüre zum Ärgernis."

Inhaltlich hebt der Rezensent zunächst hervor, daß in „den Kapiteln über die Entwicklung des Ersten Weltkriegs […] die militärgeschichtliche

---

107 Hans-Erich Volkmann, Die Polenpolitik des Kaiserreichs. Prolog zum Zeitalter der Weltkriege, Paderborn 2016

108 Döring-Manteuffel, Anselm, Bismarcks Feindbild machte viele wild. Das Kaiserreich und der Umgang mit der polnischen Bevölkerung Preußens, Frankfurter Allgemeine Zeitung, 17. April 2018

Kompetenz des Autors das Übergewicht" gewinnt. Er „kann hier auf eigene Forschungen aus früheren Jahren zurückgreifen, und die Darstellung wird so detailliert, dass der bis dahin gut sichtbare rote Faden bisweilen aus der Darstellung verschwindet." Das Gesamturteil lautet: „Ein wichtiges Buch zur rechten Zeit, aber leider kein überzeugendes Werk." – Dies mag zur Einstimmung auf die Auseinandersetzung zwischen dem Projektleiter und mir als dem Autor für einen der vier Bände genügen.

Es begann ziemlich konfus. Am 15. Oktober 1990 hatte ich auf dem Dienstweg – also auch über ihn – beim Amtschef beantragt, mein Manuskript „Planung und Aufbau einer Wehrverwaltung 1951–1956" als Monographie erscheinen zu lassen, und dies entsprechend begründet.

Ich verwies darauf, daß die letzte Arbeit zum Thema „Militärverwaltung" im Jahre 1938 erschienen war.[109] Da in dem halben Jahrhundert, das seitdem vergangen war, keine weiteren historischen Arbeiten hinzugekommen waren, konnte – theoretisch – alles abgehandelt werden; dies war wegen der Fülle des Stoffes jedoch praktisch undurchführbar. Die jetzt zu erarbeitende Darstellung konnte daher nur einige der wichtigsten Teilbereiche enthalten, während andere, inhaltlich gleich bedeutsame Teile, wie das Wehrersatzwesen, unberücksichtigt bleiben mußten.

Da dieser Sachverhalt die umfangmäßige Erweiterung und inhaltliche Ergänzung meines Beitrages erforderlich machte, sprach ich am 17. November 1988 über ihn mit dem Projektleiter. Daraufhin bat dieser den Amtschef, den Termin für die Fertigstellung meines Beitrages zu verschieben, um dies (innerhalb des vierten Bandes) zu erreichen. Zum Umfang äußerte er sich hier nicht, bat mich jedoch zwei Tage später, meinen Beitrag auf fünfhundert Seiten zu kürzen. Diese Bitte wiederholte er am 20. Dezember 1988 während einer Besprechung in der Projektgruppe.

Diese Bitte war unnötig. Um den Überblick zu behalten, hatte ich mir während der fortschreitenden Reinschrift ständig die Seitenzahl notiert.

---

109   Helfritz, Hans, Geschichte der Preußischen Heeresverwaltung, Berlin 1938

Das Manuskript umfaßte 460 maschinenschriftliche Seiten einschließlich hundert Seiten Anmerkungen.

Die computergeschriebene Fassung der Reinschrift ergab jedoch 560 Seiten. Zu diesem Umfang war es lediglich deswegen gekommen, weil die einzelnen Zeilen, durch die (damalige) computerbedingte Schreibweise bedingt, bis zu einem Drittel leer geblieben waren. Der deswegen um 100 Seiten größer gewordene Umfang war also nur scheinbar. Dies änderte natürlich nichts daran, daß ich unter der seinerzeit vereinbarten Seitenzahl von „bis zu 500 Seiten" geblieben war. Doch auch diese Tatsache wurde nicht gelten gelassen.

Nur wenige Wochen später forderte mich der Projektleiter auf, indem er die inzwischen getroffenen Vereinbarungen stillschweigend unberücksichtigt ließ, meinen Beitrag auf 250 Seiten zu kürzen. – Diesem willkürlichen Verlangen war folgendes vorausgegangen:

Hinsichtlich meines eben erwähnten genau begründeten Antrages vom 15. Oktober 1990 an den Amtschef, mein Manuskript über die BWV als Monographie erscheinen zu lassen, war zunächst nichts geschehen. Der Projektleiter hatte meinen Antrag an den Amtschef nicht weitergeleitet (!).

Zur Begründung führte er an, er habe vorher mit mir über ihn sprechen wollen. Nachdem er die unwahre Behauptung wiederholt hatte, meine Arbeit sei von Anfang an für einen Sammelband vorgesehen gewesen und sei überdies in der Herstellung als Monographie zu teuer, meinte er, die Kürzung auf fünfhundert (!) Seiten könne von mir verlangt werden, weil die Autoren – also auch ich – nicht freischwebend an einer Universität, sondern in einem Amt tätig seien.

Bei der inhaltlichen Gestaltung sei der Autor nicht an Weisungen gebunden, wohl aber habe er sich an solche zu halten, die sich auf anderes wie z. B. den Umfang bezögen.[110] Bei einer Monographie seien solche

---

110 Wußte der Projektleiter wirklich nicht, daß ein vorgegebener Umfang die inhaltliche Gestaltung beeinflußt?

Kürzungen nicht nötig, bei einem Sammelband seien sie zu beachten. – Die Behauptung, sie sollten nur deswegen, nämlich wegen der Art der Veröffentlichung, notwendig sein, war sachlich unhaltbar.

Nachdem der Projektleiter meinen Antrag mehrere Wochen lang zurückgehalten hatte, meldete ich dies dem Amtschef. Da es mir zunehmend zweifelhafter erschien, ob er ihn zwischenzeitlich nicht doch erhalten hatte, legte ich ihn ihm – dieses Mal auf einem anderen Dienstweg – erneut vor.

Der Amtschef teilte mir telefonisch mit, daß er bisher weder vom Projektleiter noch vom Leitenden Historiker eine Stellungnahme erhalten habe, und erkundigte sich, ob beide entsprechende Gespräche mit mir geführt hätten. – Nachdem ich ihm geantwortet hatte, daß dies bisher nur der Projektleiter getan habe,[111] meinte er abschließend, er verstehe sich als „Schiedsrichter" zwischen diesem und mir.

Wäre die Angelegenheit nicht so gewichtig gewesen, hätte ich sie als spaßig auffassen können, weil mir kurz vorher der Projektleiter mitgeteilt hatte, er verstehe sich als „Vermittler" zwischen dem Amtschef und mir.

Bei dem, was nach außen hin wie ein Tohuwabohu wirkte – das Hin und Her um Terminverlängerung, Festlegung von Seitenzahlen, Art der Veröffentlichung –, ging es hintergründig um etwas Grundsätzliches, nämlich darum, wessen Wille im MGFA ausschlaggebend war.

Das war schon in der Auseinandersetzung um meinen Beitrag für den 4. Band der Weltkriegsreihe so gewesen, und diese wiederholte sich jetzt. Auch wenn das MGFA inzwischen sowohl einen neuen Amtschef als auch einen neuen Leitenden Historiker erhalten hatte, schwelte der amtsinterne Machtkampf unverändert weiter.

Dies zeigte sich unmißverständlich an einer unbedachten Äußerung des Projektleiters. Er erklärte mir, daß er seine Ablehnung meines Beitrages auf Veröffentlichung einer Monographie dem Amtschef nicht schriftlich

---

111   An Amtschef MGFA Freiburg, den 19.12.1990

mitgeteilt habe. Das habe er nicht getan, weil er nicht wolle, daß „der Amtschef wieder regiert."

Aus diesem Vorsatz erklärte sich unter anderem die Meinung des Projektleiters, der Druck meines Beitrages als Monographie sei zu teuer. – Über die Finanzierung eines Druckvorhabens entschied jedoch allein der Amtschef, nicht irgendein diesem Nachgeordneter wie er.

Neben dem hausinternen Machtkampf gab es als weiteren entscheidenden Grund die prinzipielle Auffassung des Projektleiters zur Tätigkeit der wissenschaftlichen Mitarbeiter. Sie offenbarte sich in seinem Schreiben zum Jahresbeginn 1991.

Einen Termin nennend, bat er mich um Kürzung meines Beitrages auf dreihundert Seiten, und zwar „[a]us rein wissenschaftlich-sachlichen wie finanziellen Erwägungen, aber auch aus der Einsicht heraus, daß ein soziales Gemeinwesen wie unser Amt nur dann intakt und leistungsfähig bleiben kann, wenn seine Mitglieder ein Mindestmaß an unabdingbaren arbeitsmäßigen Rahmenbedingungen akzeptieren".

II.3. Der Casus belli

Jetzt erst wurde deutlich, aus welchen Gründen der Projektleiter auf sachlich begründete Kritik immer wieder nicht mit sachbezogenen Gegenargumenten reagiert, sondern von den Autoren Solidarität, Kompromiß- und Konsensfähigkeit gefordert und aus deren von ihm verlangter „Einsicht" in die Leistungsfähigkeit des MGFA als einem „sozialen Gemeinwesen" bestimmte Dinge verlangt hatte.

Sein Verhalten ließ erkennen, daß er die Arbeit in „seinem" Forschungsbereich offenbar unter dem Aspekt des demokratischen Zentralismus sah, d. h. die totale Inpflichtnahme der Autoren durch seine zentrale, alles dirigierende Führung. – Dieser demokratische Zentralismus ist jedoch kein rechtlich bestimmtes Sachprinzip, sondern bildet ein veränderbares

Ordnungsschema zur Gleichschaltung der Vorstellungen der Autoren mit dem nur von ihm für richtig Gehaltenen.

Für ihn galten weder wissenschaftliche noch allgemein-sachliche Erfordernisse als Leitwerte, sondern Solidarität. Die praktische Auswirkung dieses von ihm gewollten Zusammengehörigkeitsgefühls, dieses Gemeinschaftssinnes der Autoren hatte darin zu bestehen, daß sie akklamatorisch dem zuzustimmen hatten, was ihnen von ihm als für sie verbindlich vorgegeben wurde. Dennoch geäußerte, mit sachlichen Begründungen versehene Kritik wies er stets als unkollegial, als sozial unverantwortlich zurück.

Für ihn waren das soziale Verhalten[112] des einzelnen und das durch es mitbestimmte soziale Klima innerhalb des ganzen sozialen Gemeinwesens bzw. eines solchen Bereichs wichtiger als dessen wissenschaftliche Tätigkeit.

Der Schlüsselbegriff in diesem Zusammenhang ist der Begriff „soziales Klima" im Sinne der marxistisch-leninistischen Soziologie. Er beinhaltet eine „Gesamtheit von Einstellungen und Verhaltensweisen von Menschen eines sozialen Bereiches bzw. sozialen Systems, die für diesen Bereich typisch sind." Sie „sind meist Reaktionen auf Verhaltensforderungen bzw. Realisierungen von Verhaltensnormen, die innerhalb dieses sozialen Bereiches existieren bzw. an ihn herangetragen werden." Zugleich wird das soziale Klima als „Bedingung für Handlungen in den verschiedensten sozialen Bereichen" bezeichnet; allerdings nicht in jeder, sondern, wie sofort hervorgehoben wird, „der sozialistischen Gesellschaft, also überall

---

112   Ein Beispiel für das professorale Sozialverhalten in der Praxis: Das Amt führte von Zeit zu Zeit Tagungen durch. Für eine von ihnen war der Projektleiter für den wissenschaftlichen, ich für den organisatorischen Teil zuständig. Nach ihrer Beendigung erkundigte ich mich nach der Möglichkeit, in den letzten beiden Stunden eines Diensttages eine Kaffeetafel für das zuarbeitende Personal stattfinden zu lassen. Nachdem dies genehmigt worden war, teilte ich es dem Projektleiter mit. – Sich mit Angestellten oder gar Arbeitern an einen Tisch setzen, um mit ihnen gemeinsam Kaffee zu trinken ...?! Er begnügte sich damit, einen Zehner als seinen Beitrag für die Kaffeekasse zu geben.

dort, wo sich Menschen zu gemeinsamer, zielgerichteter Tätigkeit zusammengefunden haben."[113]

Zwischen dieser grundsätzlich-allgemeinen Auffassung und dem speziellen Fall ist der gedankliche Zusammenhang unübersehbar.

In seinem antragsablehnenden Bescheid vom 16.01.1991 hatte mir der Amtschef mitgeteilt, daß er seine Entscheidung getroffen habe, nachdem ihm der Projektleiter eine Stellungnahme vorgelegt habe. Dieser habe ihm gegenüber (wie er mir erst zu einem späteren Zeitpunkt sagte) von meinem Sozialverhalten gesprochen.

Der inhaltlich eigentlich Verantwortliche für die – im folgenden zitierten – Äußerungen des Amtschefs war zweifelsfrei der Projektleiter. In seiner eben erwähnten Entscheidung hatte der Amtschef geschrieben, daß mein Antrag „kein Ausweis für das von einem Mitarbeiter unseres Hauses zu erwartende Maß an Kollegialität und der zu erwartenden Bereitschaft zur sozialen Verantwortlichkeit gegenüber den verantwortlichen Autoren" sei. – Es erscheint mir mehr als zweifelhaft, daß der Amtschef die Motivation erkannt hat, die der Denk- und Handlungsweise des Projektleiters zugrunde gelegen hat.

Welche Handlung nun hat mir den Vorwurf meines Dienstvorgesetzten eingebracht, nicht nur unkollegial, sondern sozial unverantwortlich zu sein, obwohl Gegenteiliges von mir zu erwarten sei? – Ich hatte, mich auf Art. 5 Abs. 3 GG stützend, einen Antrag gestellt, in dem ich unter Angabe einer Reihe von Sachgründen gebeten hatte, daß mein Manuskript sachgerecht als Monographie veröffentlicht würde.

Nach der vom Projektleiter geäußerten und an den Amtschef weitergegebenen Auffassung bestand mein für ihn kritikwürdiges Verhalten offenbar darin, daß ich nicht das von ihm erwartete Einverständnis zur Publikation meines Manuskriptes in einem Sammelband gegeben und mich deswegen (!) sozial unverträglich verhalten hatte. Ich hatte nicht die vom Projektleiter gewollten Verhaltensnormen realisiert, sondern

---

113 Wörterbuch der marxistisch-leninistischen Soziologie, Opladen 1971, S. 404

ich hatte nach dessen für mich offenkundig sozialistischem Verständnis system-atypisch gehandelt. Meine Motive, die ich selbst für wohlbegründet und sachgerecht halte, sind für den Projektleiter wegen der anderen, nämlich „sozialen" Prämissen, von denen er ausgeht, unerheblich gewesen. Daher ließ er sie nicht gelten.

Ich hingegen vertrete die Auffassung, daß die Erhaltung des Mikrobetriebsklimas in einer informellen Primärgruppe wie dem Forschungsbereich III wegen Art. 5 Abs. 3 GG kein Grund für meine Fremdbestimmung sein kann und darf. Das Betriebsklima als „das Resultat von gruppentypischen Verhaltensweisen der Werktätigen eines Betriebes" – hier: der wissenschaftlichen Mitarbeiter des Forschungsbereiches III als eines Autorenkollektivs?! – ist kein Argument dafür, über die Erscheinungsform meines Manuskriptes unter wissenschaftswidrigen Gesichtspunkten zu entscheiden.

Nun ist die Gesellschaft in der Bundesrepublik Deutschland keine sozialistische, sondern – ganz im Gegenteil! – eine freie Gesellschaft, die in dem auf dem Prinzip der Gewaltenteilung beruhenden freiheitlichen Rechtsstaat wurzelt. Wenn ich dennoch gerügt und kritisiert wurde, so geschah dies meines Erachtens aus einer Einstellung heraus, die ich weder theoretisch noch tatsächlich mit den rechtlichen Gegebenheiten in der Bundesrepublik Deutschland in Einklang bringen kann. –

Es war deutlich erkennbar geworden, daß es wieder einmal um die Freiheit der Wissenschaft ging. Mit dieser Erkenntnis hatte die Auseinandersetzung für mich eine so grundsätzliche Bedeutung erlangt, daß sie für mich nur noch mit einem vollen Erfolg oder mit einem ebenso gänzlichen Mißerfolg enden konnte.

II.4.   Weitere Auseinandersetzungen

Am 1. Februar 1991 wies mich der Amtschef unter Festlegung eines Termins an, mein Manuskript auf dreihundert maschinenschriftliche Seiten zu kürzen.[114] – Zwar war seine Weisung mit schweren Sachmängeln behaftet, doch da sie für mich dienstrechtlich verbindlich war, führte ich sie nach konzeptionellen Überlegungen termingerecht aus.[115]

Unbeschadet dessen beantragte ich am 27. Februar 1991 beim Amtschef, mich innerhalb der Abteilung Forschung woanders einzusetzen, sobald dies möglich war, und begründete dies ausführlich.[116] Zusammenfassend erbat ich vom Amtschef eine personelle Fürsorgemaßnahme durch rasches Umsetzen, weil der Projektleiter die Vertrauensgrundlage zwischen sich und mir vollständig zerstört hatte.

Zwar lehnte der Amtschef meinen Antrag ab, indem er dafür teilweise die Argumentation des Projektleiters über festgelegte Umfangszahlen verwendete, doch meine Behauptungen über ihn ließ er von diesem selbst prüfen.[117]

Währenddessen wurde am 22. März 1991 im Forschungsbereich III über das Manuskript gesprochen, obwohl dessen Mitglieder es nicht (!) gelesen hatten.

Entsprechend wenig war dem Ergebnisprotokoll zu entnehmen. Es enthielt nur allgemeine Formulierungen wie die, daß die „aufgeworfenen

---

114   Offz. Briefkopf – 1. Februar 1991

115   Meldung an Amtschef, Freiburg, den 24. Mai 1991

116   Der Schriftsatz, mit dem ich dem Amtschef das Vorgehen des Projektleiters gegen mich geschildert hatte, traf diesen offenbar so, daß er in einer Kombination aus persönlichen Beschimpfungen und dem Androhen rechtlicher Schritte wieder einmal ausfallend wurde. Wie zugleich anmaßend und belanglos es war, solche gegen mich einleiten zu wollen, falls ich – worauf er bestehe! – meinen Arbeitsauftrag nicht einhalten würde, ergab sich daraus, daß er so etwas gar nicht hätte tun können, weil er nicht mein Vorgesetzter war.

117   Offz. Briefkopf – 7. März 1991

Probleme", die mein Schreiben an den Amtschef vom 27.02.1991 enthielt, besprochen worden seien, ich dieses nunmehr als erledigt betrachte und daß in diesem Zusammenhang Initiativen des Amtschefs nicht mehr als erforderlich erscheinen würden. Die nach wie vor bestehenden grundsätzlichen Differenzen zwischen dem Projektleiter und mir wurden beschönigend als „verbliebene Mißverständnisse" bezeichnet, die in einem persönlichen Gespräch zwischen ihm und mir geklärt werden würden.

Des weiteren wurde festgehalten, daß ich die Weisung des Amtschefs ausführen würde, meinen Beitrag auf 300 Seiten zu kürzen. Dazu werde mir der Projektleiter sachlich fundierte Vorschläge machen. Außerdem würde ich mich der Entscheidung des Amtschefs fügen, daß mein Beitrag im 4. Band abgedruckt werden würde.

Abschließend wurde vermerkt, daß die Projektgruppe ausführlich über den Wunsch der drei Autoren des Teams 4 diskutiert habe, ihre Beiträge in monographischer Form zu publizieren. Sie „hielt es mit Ausnahme der betroffenen Autoren sachlich weiterhin für gerechtfertigt, die drei Beiträge (Rüstungswirtschaft, BVW [sic!], völkerrechtliche Probleme) in einem 4. (Querschnitts-)Bd. zusammenzufassen."

Zwei Monate nach dieser Besprechung meldete ich dem Amtschef, daß der Projektleiter keinerlei der im Ergebnisprotokoll genannten Sachvorschläge gemacht hatte. – Daraufhin sah sich dieser veranlaßt, meinem „Gedächtnis etwas nachzuhelfen": Seine „Unterstützung" durch diese Vorschläge sei erst nach Beendigung seiner Lektüre für einen Beitrag im 3. Band „avisiert" worden. – Hätte er dies während der Sitzung am 22.03.1991 verlauten und ins Ergebnisprotokoll aufnehmen lassen, wäre dieser Punkt meiner Meldung an den Amtschef nicht erforderlich gewesen.

So aber hielt ich dem Projektleiter vor, es hätte ihm wegen der von ihm getroffenen anderweitigen Prioritätensetzung bewußt sein müssen, daß ihm die Lektüre meines Manuskriptes bis auf weiteres nicht möglich sein konnte.

Wie grotesk alle diese auf mein Manuskript bezogenen Vorgänge waren, zeigte sich an folgendem: Ich hatte es Anfang August 1990 vollständig erarbeitet vorgelegt. Obwohl seitdem fast ein volles Jahr verstrichen war, hatte es der Projektleiter (ebenso wie die übrigen Angehörigen des Forschungsbereiches III) noch immer nicht gelesen.

Worum ging die ganze Auseinandersetzung eigentlich? Auf den Inhalt meines Manuskriptes konnte sie sich nicht beziehen, weil ihn der Projektleiter nicht kannte. – Sie war wohl durch sein Wesen bedingt, das sich in seiner Verhaltensweise niederschlug.

Wie dargelegt, hatte der Amtschef meinen Antrag vom 15.10.1990, mein Manuskript als Monographie erscheinen zu lassen, am 16.01.1991 abschlägig beschieden und außerdem festgestellt, daß es innerhalb eines vierten Bandes erscheinen sollte. Mit dieser Entscheidung war die Angelegenheit abgeschlossen.

Obwohl sie inhaltlich ganz im Sinne des Projektleiters erfolgt war, gab er keine Ruhe.

In Unkenntnis meines Manuskripttextes, ohne Absprache mit mir und ohne mein Wissen griff er erneut seine bereits früher, am 04.01.1991, geäußerten – für mich rechtlich unverbindlichen und sachwidrigen – Forderungen nach Umfangbeschränkung und Terminsetzung auf und erwirkte beim Amtschef dessen Weisung gegen mich. Dieser bestätigte nach meiner vergeblichen Remonstration am 07.03.1991 seine Weisung, die damit für mich endgültig rechtsverbindlich wurde.

Nachdem ich meine konzeptionellen Überlegungen für die Neugestaltung meines Manuskriptes abgeschlossen hatte, wollte ich es durchgängig kürzen. Obwohl mir das Problematische dieses Vorhabens klar war, nahm ich es in Angriff, weil sich erst durch konkrete Arbeit erweisen konnte, ob sich meine theoretisch so schlüssigen Zweifel in der Praxis nicht doch als gegenstandslos erweisen würden. Daher bekundete ich, wie in einem Protokoll festgehalten, meinen Willen, die Weisung nicht nur inhaltlich, sondern auch hinsichtlich des Umfanges auszuführen.

Je länger ich mit der Überarbeitung beschäftigt war, desto deutlicher wurde es, daß eine Kürzung auf den vorgesehenen Umfang innerhalb des festgesetzten Bearbeitungszeitraumes undurchführbar war. Daher wählte ich nach erneuten konzeptionellen Überlegungen einen anderen Weg, um termingerecht einen inhaltlich in sich schlüssigen Text vorzulegen. Innerhalb der mir gemachten Vorgaben erarbeitete ich das Mögliche. Die neue Ausarbeitung umfaßte in der Reinschrift (einschließlich der Anmerkungen) 58 Seiten.[118] Auch diese neu erarbeitete Fassung nahm der Projektleiter nicht zur Kenntnis.

Bevor ich auf das eingehe, was daraufhin erfolgte, möchte ich noch etwas anderes erwähnen.

Auch bei dem Punkt, – in einem persönlichen Gespräch als „verbliebene Mißverständnisse" bezeichnete – inhaltlich gegensätzliche Auffassungen zu klären, verharrte der Projektleiter in der für ihn typischen Verhaltensweise: in der Sache wie gewohnt untätig bleibend, fand er salbungsvolle Worte darüber, daß er sich vom „Prinzip des dienstlich-menschlichen Umgangs miteinander" nicht abbringen lassen mochte.

Unmittelbar darauf wurde deutlich, was er darunter verstand und entsprechend praktizierte: Er schickte mir mein Schreiben mit den im vorstehenden gebrachten Überlegungen in ungeöffnetem Umschlag zurück.[119]

Daraufhin erhob ich am 26. Juni 1991 gegen ihn Dienstaufsichtsbeschwerde, die ich mit all den Punkten begründete, die ich vorstehend einzeln dargelegt habe. Abschließend fügte ich den Grund an, den ich als bestimmend für die ganze Auseinandersetzung sah.[120] Ich beantragte,

---

118 Mein Schreiben an den Projektleiter vom 12. Juni 1991, S. 2 ; s. a. Dienstaufsichtsbeschwerde vom 26.06.91, S. 3

119 Schreiben des Projektleiters vom 13. Juni 1991 an mich, mit Nebenabdrucken an den Amtschef, den Leitenden Historiker und den Leiter des Teams IV.

120 Der Projektleiter habe „alles unternommen, um unter möglichster Vermeidung jeglicher sachlicher Arbeit und unter Gebrauch seiner Position Macht zu

ihn anzuweisen, mein Manuskript sachgerecht und mich als Autor menschenwürdig zu behandeln.

Der Amtschef bestätigte am 27.06.1991 den Eingang der Beschwerde, die er unverzüglich an den Präsidenten der Wehrbereichsverwaltung V Stuttgart zuständigkeitshalber weiterreichte. – Sie ist nicht beschieden worden.

An diesem Vorgang erlebte ich die Auswirkung dessen in der Praxis, was ich in meinem Beitrag zur Entstehungsgeschichte der Bundeswehrverwaltung erarbeitet hatte.

In früheren Zeiten war der Leiter einer jeden militärischen Dienststelle – im vorliegenden Fall der Amtschef MGFA – für alle seine Angehörigen voll zuständig gewesen, weil ihm auch die zivilen Mitarbeiter (Beamte, Angestellte, Arbeiter) nicht nur allgemein dienstlich, sondern auch dienstrechtlich unterstellt gewesen waren.

Auf den vorliegenden Fall bezogen, wäre bei den damaligen Gegebenheiten der Amtschef befugt gewesen, über meine Dienstaufsichtsbeschwerde – d. h. die eines Beamten gegen einen anderen Beamten – zu entscheiden.

Dies war jetzt ausgeschlossen, weil die Wehrverwaltung nicht mehr in den Kommandobereich eingegliedert, sondern eine von ihm rechtlich unabhängige Organisation war. Damit war das, was während der Auseinandersetzungen (und danach) um den Status der BWV mit dem Reizwort „Kontrolle der Beamten durch Soldaten" bezeichnet wurde, unmöglich gemacht worden.

Rechtlich zuständig für alle zivilen Mitarbeiter im Bereich des BMVg

---

demonstrieren und mir damit zu zeigen, daß er die entscheidende Leitungsfunktion ausübt, obwohl er mir gegenüber keinerlei Weisungsrecht besitzt."
Sein Gesamtverhalten mir gegenüber erweise sich „als eine Kette von Willkürakten, die m. E. allesamt den Prinzipien der Inneren Führung, den Grundsätzen einer zeitgemäßen Menschenführung Hohn sprechen und außerdem sowohl dienstrechts- als auch sachwidrig sind." Dienstaufsichtsbeschwerde vom 26. Juni 1991, S. 3, 2. Hälfte

war nun die jeweilige vorgesetzte Behörde der Bundeswehrverwaltung. In diesem Fall war es die WBV V Stuttgart. Ihr Präsident als der Disziplinarvorgesetzte der Beamten des MGFA hat meine Beschwerde unerledigt gelassen.

Sie blieb, als zum damaligen Zeitpunkt noch anhängig, in der Sitzung des Forschungsbereichs III am 15. Oktober 1991 unerwähnt. Doch auch so ging es hoch her. Weil auch jetzt noch niemand – weder der Projektleiter noch die Angehörigen dieser Abteilung – das Manuskript gelesen hatte, erschöpfte sich die teilweise sehr bissig geführte Diskussion in Formalien.

Das vom Projektleiter und dem Protokollführer unterzeichnete Ergebnisprotokoll war so abgefaßt worden, daß alles zu meinen Ungunsten sprach.

Es hieß, daß ich entgegen meiner in der Sitzung des Forschungsbereichs III vom 22.03.1991 gemachten Zusage, ein auf 300 Seiten gekürztes Manuskript vorzulegen, ein solches von 59 Seiten erarbeitet habe, das lediglich die Forschungsergebnisse enthalte.

Des weiteren wurde gesagt, daß ich im übrigen überhaupt keine Kürzungsmöglichkeit für das sehr umfangreiche Originalmanuskript sehen würde. Bezeichnenderweise wurde meine Begründung, daß in der mir vorgegebenen Zeit „nur eine Kürzung dieser Art" möglich gewesen sei, stillschweigend übergangen. Ohne auch nur ein einziges der stichhaltigen Sachargumente zu berücksichtigen oder gar gelten zu lassen, begnügte man sich mit der Feststellung, daß ich mit der Vorlage von 59 Seiten die Zusage nicht eingelöst hätte, weswegen der mir erteilte Arbeitsauftrag nicht erfüllt sei.

Erstaunlicherweise war einer meiner hauptsächlichen formalen Kritikpunkte nicht verschwiegen worden, nämlich der, daß der Kürzungswunsch an mich „ohne Lektüre dieses Manuskriptes durch den Forschungsbereichsleiter und die Forschungsbereichsangehörigen herangetragen worden" war.

Obwohl dies der Sache nach von entscheidender Bedeutung war, war das für die Angehörigen des Forschungsbereichs offenbar belanglos. Mehrheitlich waren sie der Auffassung, „daß jedem Autor die selbständige Kürzung eines Manuskriptes auf die festgelegte Seitenzahl abverlangt werden" könne und daß „jedes Manuskript Möglichkeiten zur Kürzung" biete.

Meine „Behauptung", den Projektleiter „von der Kürzung auf das vorliegende Maß mündlich unterrichtet zu haben", wurde von diesem bestritten.[121]

Da eine gütliche Einigung mit mir zunächst gescheitert sei, bot der Projektleiter an, mein Manuskript zu lesen und Kürzungsmöglichkeiten aufzuzeigen. Gleichzeitig sollte ich einen verbindlichen Termin für den Abschluß der zu kürzenden Überarbeitung nennen. Er forderte mich auf, zu seinem „Angebot" innerhalb dreier Tage Stellung zu nehmen. Sollte ich seinen Vorschlag nicht akzeptieren, werde er dem Amtschef melden, daß ich „nicht in der Lage oder nicht willens" sei, meinen Dienstauftrag zu erfüllen.

Es war verfehlt, von einem – wohl großzügig wirken sollenden – „Angebot" zur Lektüre meines Manuskriptes zu sprechen. Es gehörte so sehr zu den Aufgaben des Projektleiters, alle Manuskripte zu lesen, die innerhalb des Gesamtvorhabens „Anfänge westdeutscher Sicherheitspolitik" zur Veröffentlichung vorgesehen waren, daß ihm gar nichts anderes übrigblieb, als dies auch im vorliegenden Fall zu tun.

Die wie eine Drohung wirkende Aufforderung, kurzfristig einen Termin zu nennen, zu dem die von mir verlangte Kürzung beendet sein müsse, war inhaltlich undurchdacht, weil er erst nach Beendigung der Lektüre durch den Projektleiter nennbar gewesen wäre.

Formal gesehen, wäre eine Meldung an den Amtschef bei Nichtannahme des Vorschlages belanglos gewesen, weil sie nichts bewirken

---

121 Diese Verfahrensweise, mündlich Besprochenes zu bestreiten, war der Grund, aus dem ich mich immer wieder schriftlich äußerte, um gegebenenfalls mündlich Erörtertes oder gar Vereinbartes belegen zu können.

konnte. Was wäre denn in diesem Fall möglich gewesen? Einen anderen Mitarbeiter mit der Erarbeitung des Themas BWV zu beauftragen? Das hätte eine um etliche Jahre verzögerte Beendigung des Gesamtprojektes bedeutet, der die Kommission vermutlich nicht zugestimmt hätte. Dies um so weniger, als sie mein Originalmanuskript noch gar nicht kannte.

Bezeichnenderweise ist von dieser Sitzung nur ein Ergebnis-, kein Verlaufsprotokoll angefertigt worden – aus dem einfachen Grund, daß deswegen die inhaltliche Auseinandersetzung völlig übergangen werden konnte.

Bereits vorher hatte ich dem Amtschef einen Bericht geschickt, d. h. schicken wollen. Ich erhielt ihn noch am selben Tage zurück, weil ich ihn nur über den Leiter des Teams AF III/4, dem ich angehörte, an den Amtschef gerichtet hatte, nicht aber über den Projektleiter und den Leitenden Historiker.[122]

In diesem Bericht kommentierte ich zunächst das Ergebnisprotokoll und legte dem Amtschef dann die grundsätzlichen Aspekte der Auseinandersetzung zwischen dem Projektleiter und mir dar.

Einleitend bezeichnete ich dessen intensives Bestreben als auffällig, das Thema „Bundeswehrverwaltung" nicht aus dem Kreis des Forschungsbereichs III herauszulassen. Bei der ganzen Kontroverse konnte es sich nach wie vor um keinen sachbezogenen Vorgang handeln, weil der Projektleiter den Inhalt meines Manuskriptes immer noch nicht kannte.

In der Tat ging es um etwas anderes, nämlich um keine Sach-, sondern um eine *Macht*frage, die einen speziellen vordergründigen und einen grundsätzlichen Aspekt besaß.

Dieser bestand in einem der anmaßenden Versuche der amtsinternen Wissenschaftsfunktionäre, ihre ungerechtfertigten Macht- und Herrschaftsansprüche gegenüber dem Amtschef durchzusetzen. Deswegen

---

122 Handschriftlich: „Paraphe Gr [i. e. Greiner] 23.10. zurück wegen Nichteinhaltung des Dienstweges Ltr FB III leitender Historiker sic"

mißfiel es ihnen, daß ich mich in dienstlichen Angelegenheiten an ihn als meinen Dienstvorgesetzten wandte und ihm Vorgänge meldete, die ihnen nicht paßten und die – vor allem! – ihm nicht zur Kenntnis gelangen sollten.

Hinsichtlich des speziellen Teiles führte ich aus, daß der Projektleiter sein Verlangen nach Kürzung meines Manuskriptes mit der Behauptung begründete, daß er mir gegenüber weisungsbefugt war. Daß er das nicht war, hatte er, sich dessen offenbar durchaus bewußt, selbst bewiesen, weil er seine rechtlich unverbindliche Kürzungsforderung über den Amtschef gegen mich durchsetzen mußte. Vor allem aber war der Projektleiter nicht in der Lage, auch nur einen einzigen Paragraphen des Bundesbeamtengesetzes (BBG) oder des Beamtenrechtsrahmengesetzes (BRRG) zu nennen, aus dem er irgendein Weisungsrecht ableiten konnte.

Demgegenüber vertrat ich mit allem Nachdruck meine Auffassung, daß allein der Amtschef mir gegenüber weisungsbefugt war.

Auch auf andere Weise hatte der Projektleiter versucht, mir sein Verlangen nach Kürzung aufzuzwingen: Wiederholt hatte er geäußert, daß ich auf die Rechte an meinem Manuskript, die sich aus meiner geistigen Urheberschaft ergaben, verzichten und sie an das MGFA abtreten solle, das dann nach Belieben mit ihm verfahren könne.

Mit dieser Forderung wollte er – unausgesprochen auf meine seinerzeitige Publikation von „Vabanque" anspielend – anscheinend seine Behauptung stützen, ich wolle mein Manuskript „um das Amt herum" veröffentlichen.

Selbst wenn ich dies gewollt hätte – es wäre mir unmöglich gewesen, weil ich es dienstlich erarbeitet hatte und deswegen allein der Amtschef über seine Veröffentlichung entschied, indem er sie genehmigte.

Allerdings waren keineswegs alle Äußerungen des Projektleiters nur töricht, wie z. B. sein Hinweis, daß er Beurteilungsbeiträge zu fertigen habe, die mir nicht zur Kenntnis gelangen würden …

Ich bewertete alle diese Aussagen als Nötigung zu einem bestimmten dienstlichen Verhalten. Ich hielt dieses vom Projektleiter mehrfach unternommene Bestreben für so bedeutungsvoll, daß ich sie hervorhob.

Die Auseinandersetzung litt ständig darunter, daß der Projektleiter – aus welchen Gründen auch immer – nicht zwischen Sachlichem und Persönlichem trennte. Versuche zu nüchterner Betrachtung vermischten sich bei ihm mit Unterstellungen und persönlich gemeinten Abwertungen. Auf deren Wiedergabe verzichtete ich zwar, doch erwähnte ich einen anderen Vorgang, der das Verhalten des Projektleiters und anderer Angehöriger der Projektgruppe mir gegenüber zeigte.

Während der Sitzung am 15.10.1991 hatte der Leiter des Teams, dem ich angehörte, erklärt, daß er zwischen den vom Projektleiter und mir vertretenen Positionen vermitteln wollte. In ruhig-verbindlichem Ton trug er, entsprechend begründet, Sachargumente vor. Unvermittelt wurde er von einem anderen Historiker-Stabsoffizier unterbrochen und angeschrien, ob hier ein Arbeitsauftrag vorliege oder nicht.

Obwohl er die Sitzung leitete, ließ der Projektleiter dies geschehen, ohne den Schreienden, ihn unterbrechend, zu beruhigen und ihn darauf hinzuweisen, daß dies nicht der richtige Ton war. Selbst nach Ende dieses Vorfalls hielt er es für angebracht, sich nicht zu dessen Fehlverhalten zu äußern.

Das mag daran gelegen haben, daß er vorher bereits selbst seine Meinung zeitweilig brüllend vorgetragen hatte, wobei die von ihm bevorzugte Lautstärke in umgekehrt-peinlichem Gegensatz zur inhaltlichen Qualität seiner Ausführungen stand.

Für mich selbst zog ich die Konsequenz, an keiner Zusammenkunft der Projektgruppe mehr teilzunehmen, die dienstlich nicht unbedingt notwendig war. – Nun zum grundsätzlichen Aspekt der Auseinandersetzung.

Meinem Standpunkt, daß allein der Amtschef mir gegenüber weisungsbefugt war, daß nur er mir gegebenenfalls eine neue Weisung erteilen konnte, wurde aus der Projektgruppe heraus – wiederum schreiend – zugestimmt.

Auch wenn es nicht anders sein konnte – der Projektleiter stellte sich dennoch gegen meine Auffassung, weil er sich, wie er sich ausdrückte, „seine Position nicht streitig machen" lassen wolle.

Bei dieser rechtlich problematischen Auffassung erhob sich für mich wieder einmal unabweislich die Frage, wer seiner Meinung nach das MGFA wirklich führte. Der Amtschef oder der Leitende Historiker und die Projektleiter? Anscheinend war der Projektleiter der Ansicht, daß dies durch letztere geschehen sollte.[123]

Auch wenn es diesem oder jenem noch so wünschenswert erscheinen mochte: Das MGFA wurde nicht durch ein Gremium kollektiv geführt, in dem jeder in seinem eigenen Teilbereich unkontrolliert und nach Belieben, d. h. willkürlich schalten und walten konnte, sondern allein durch den Amtschef. Führung ist – und findet in der monokratischen Amtsverfassung ihren Ausdruck – nun einmal unteilbar.

So manches Mal konnte ich mich nicht des Eindruckes erwehren, daß der Amtschef nur als eine Art Koordinator gesehen wurde, an den Vorstellungen aller Art in der sicheren Erwartung herangetragen wurden, daß er ihnen in der ihm genannten Form allesamt, gleich und am besten auch noch ungeprüft zustimmte. Im Gegensatz dazu vertrat ich die Auffassung, daß die Beratung und Unterstützung des Amtschefs durch die Mitarbeiter diesen nicht gestattet, daraus irgendwelche Rechte abzuleiten, sondern daß beides zu ihren Pflichten ihm gegenüber gehört.

Ferner beruhte die Auseinandersetzung zwischen dem Projektleiter und mir darauf, daß zwar die Pflichten, nicht aber die Rechte der wissenschaftlichen Mitarbeiter amtsintern festgelegt waren. Rechte in dem Sinne, daß nicht nur verbindlich gesagt war, was ihnen möglich, sondern auch, dadurch bedingt, was ihnen nicht möglich war.

---

123 Hier schimmerte unverändert die Überzeugung durch, die seit eh und je von dem damaligen Leitenden Historiker Messerschmidt und dem jetzigen, Deist, sowie von anderen vertreten wurde.

Abschließend unterbreitete ich dem Amtschef einen Vorschlag mit der Bitte, prüfen zu lassen, ob für die wissenschaftlichen Mitarbeiter nicht durch ein Statut oder durch andere geeignete organisatorische Maßnahmen Regelungen erreicht werden könnten, die Auseinandersetzungen wie die gemeldete[124] künftig nicht mehr zulassen würden.

Obwohl die Angehörigen des Forschungsbereichs III an der Sitzung teilgenommen hatten, schilderte ich einige Tage später auch ihnen schriftlich deren inhaltlichen Verlauf anhand der umfangreichen Notizen, die ich während dieser Sitzung gemacht hatte. Unter Bezugnahme auf das Ergebnisprotokoll faßte ich sie als Protokoll-Ergänzung zusammen. Sie alle sollten nicht nur das im Formalen gebliebene offizielle Ergebnisprotokoll über die Sitzung in Händen halten, sondern auch durch ausführliche Angaben an ihren inhaltlichen Verlauf erinnert werden.

Zu der Auseinandersetzung um meinen Beitrag im Forschungsbereich III hatte der neue Leitende Historiker[125], obwohl er jetzt Leiter des gesamten Forschungsbereichs war, vollständig geschwiegen. Nun äußerte er sich erstmalig, und zwar deshalb, weil ihn der Amtschef, wie mir dieser in einem Gespräch mitteilte, entsprechend angewiesen hatte.

Deswegen sah sich der Leitende Historiker jetzt gezwungen zu reagieren. Zunächst forderte er die hausinterne Schriftleitung auf zu ermitteln, wie viele Druckseiten mein auf PC erfaßtes Manuskript ergeben würde. Die von der Schriftleitung des Hauses unter Vorbehalt gemachte Umrechnung wurde auf ungefähr 335 Seiten geschätzt. – Deren Druck hätte gerade das Drittel des Umfanges umfaßt, das im vierten Band für den Wehrverwaltungsbeitrag verfügbar war.

In dem kurzen Gespräch, das der Leitende Historiker anschließend

---

124 Sie war eine negative Folge aus der (unter I. geschilderten) „weichen" Entscheidung, für die wissenschaftlichen Mitarbeiter kein Pflichten und Rechte festlegendes Statut zu schaffen, sondern einen Beirat zu berufen.

125 Es war Dr. Deist als Nachfolger des in den Ruhestand getretenen Dr. Messerschmidt, wie dieser mit der Amtsbezeichnung „Direktor und Professor" versehen.

mit mir führte, meinte er lediglich, meine Position sei „schwach", weil ich nicht die im Protokoll festgehaltenen 300 Seiten geschrieben hätte. Meine Auffassung, es gehe wohl darum, daß ich bloß ein Seiten-Soll erfüllen solle, schien ihm unbehaglich zu sein. Zur Auseinandersetzung insgesamt meinte er, daß man „sich kaum noch gütlich einigen" werde.

Externe und interne Kritik

Bei diesem Stand der Dinge wurde in der Sitzung der Kommission Anfang November 1991 über das Manuskript gesprochen.[126]

Zunächst berichtete der Projektleiter: Es sei darüber diskutiert worden, ob der vierte Band durch Monographien ersetzt werden solle; es bleibe bei einem vierten Band, die Beiträge für ihn seien zu kürzen.

Bei dem von mir Ende 1990 vorgelegten Manuskript habe er mich um Kürzung gebeten. Dies habe der Amtschef durch eine Weisung unterstrichen. Merkwürdigerweise sagte er dann, daß ich „das Kürzungsverfahren", d. h. seine von mir geforderten Kürzungen, mit einer Dienstaufsichtsbeschwerde gegen ihn verbunden hätte.

Zu meinem Hauptbeschwerdepunkt, daß er in Unkenntnis des Manuskriptes Kürzungen verlangt habe, meinte er nur, es sei ein – in keiner Weise erläutertes – „Problem" gewesen, daß er es nicht habe lesen können. Nach der Bemerkung, ich müsse meinen Beitrag selbst kürzen können, spielte er den Großzügigen, der mir angeboten habe, ihn zu lesen. Er erbot sich sogar, mir beratend unter die Arme zu greifen. – Mit solchen Worten versuchte er zu umgehen, daß dessen Lektüre zu seinen Pflichten gehörte, die er weit mehr als ein Jahr vernachlässigt hatte.

In meiner Antwort wies ich auf sein Versäumnis hin und fügte hinzu, daß ich das Verlangen nach Kürzung erst dann für sachlich zulässig

---

126 Protokoll-Auszug der 35. Sitzung der Kom. „EGeschBw" am 8. November 1991 in Bonn

hielte, wenn mein Manuskript inhaltlich zur Kenntnis genommen worden sei. Hinsichtlich seiner Länge verwies ich auf eine Mitteilung des Forschungsbereichs III an den Leitenden Historiker über den ursprünglich festgelegten Umfang des viertes Bandes: Zwei Beiträge sollten je 500, ein weiterer 250 Seiten umfassen.

Da die Namen der Bearbeiter nicht genannt worden waren, erkundigte ich mich nach ihnen damals sofort beim G 3. Dieser teilte mir mit, daß die Themen Wehrrecht und Wehrverwaltung von einem Kollegen und von mir, das andere von einem externen Autor zu erarbeiten waren. Diese Tatsache war der Beweis dafür, daß mein Beitrag 500 Seiten lang sein konnte.

Die Kommission wünschte keine Diskussion von Amtsinterna. Während sich deren Vorsitzender mit der Feststellung begnügte, daß mein Manuskript noch nicht beratungsreif sei, äußerte sich ein Kommissionsmitglied etwas näher: Er halte eventuell einen Kompromiß für möglich, doch wenn es zu keiner amtsinternen Einigung komme, solle die Originalfassung meines Manuskriptes an die Kommission gegeben werden. Eine Hilfestellung durch sie sei möglich. „Diese werde dann sagen, was hinaus soll" (!).

Eine derartige professorale Anmaßung – noch dazu von dem einzigen Zeithistoriker, der der Kommission angehörte – wertete ich als eine Auffassung, für die der die Freiheit von Forschung und Lehre garantierende Artikel 5 Abs. 3 des Grundgesetzes keinerlei Gültigkeit besaß.

Obwohl ich bei dieser Einstellung sofort zu zweifeln begann, ob ich von der Kommission sachgerechte Stellungnahmen zu erwarten hatte, ließ ich mir nichts anmerken. Ich beließ es bei der Feststellung, daß ich das Verlangen der Angehörigen des Forschungsbereichs III nach Kürzung meines Manuskriptes zurückgewiesen hätte, weil es niemand von ihnen gelesen habe. Wenn dies geschehen sei, sei ich zu einer sachbezogenen Diskussion bereit.

Daraufhin schlug der Projektleiter vor, daß mein Manuskript von allen

Angehörigen der AF III in der vorliegenden Form gelesen werde und daß dann in einer Besprechung Kürzungsmöglichkeiten genannt werden würden.

Gegen Ende der Sitzung schob mir der Amtschef ein Blatt mit der Notiz zu, daß ich tags darauf zu einem Gespräch zu ihm kommen solle.

Es stellte sich heraus, daß dem Amtschef die Angaben des Forschungsbereichs III vom 2. Oktober 1990 über die Seitenzahlen (davon 500 für meinen Beitrag), die ich während der Kommissionssitzung gemacht hatte, nicht bekannt waren. Ich händigte ihm diese Meldung einschließlich meiner Aktennotiz aus, in der ich den G 3 um die Nennung der Namen der Autoren für die Beiträge zu Band 4 gebeten hatte. Besonders wichtig war seine Aussage, daß ich mein Manuskript auf 460 Seiten kürzen sollte.

Dies teilte er mir am 12. November 1991 schriftlich mit, zugleich nachrichtlich dem Leitenden Historiker und dem Projektleiter. Des weiteren führte er aus, daß nunmehr auch meinem Anliegen Rechnung getragen werde, daß mein Manuskript vom Forschungsbereich III und auch vom Projektleiter gelesen werde und die Anregungen sodann mit mir in einer entsprechenden Sitzung besprochen werden würden. Abschließend fügte er hinzu, daß es mir nach dem im Amt üblichen Verfahren anheimgestellt sei, diese Anregungen in die 460 PC-Seiten umfassende Abhandlung einzubringen.

Welch ein Gegensatz zwischen diesem Standpunkt und den „Bemerkungen" des Projektleiters zwei Monate später! Sie umfaßten fast zwei Dutzend Seiten, auf denen er nicht weniger als 38mal zu erreichen versuchte, daß ich meinen Manuskripttext inhaltlich veränderte.

Seine zahlreichen Versuche, in meine Gestaltungsfreiheit als Autor einzugreifen, übergehe ich, weil sie ebenso untauglich wie vergeblich gewesen sind, mich fremdzubestimmen.

Aufschlußreich für sein Selbstverständnis war indes folgendes: In allen konzeptionellen Gesprächen auch über andere Beiträge sei immer betont worden, daß „wir" (ein Pluralis majestatis!) keine Rechts-, Wirtschafts- und Verwaltungsgeschichte „als solche" (was war damit gemeint?) verfassen, sondern aus historischer und politischer Fragestellung heraus die Relevanz von Rechts-, Wirtschafts- und Verwaltungsproblemen erörtern wollten.

Das von ihm immer wieder verlangte Erörtern von Verwaltungsproblemen aus einer *politischen* Fragestellung heraus bedeutet, daß aus dieser Perspektive über jene geschrieben wird. Dies ist nur dann möglich, wenn die entsprechenden Probleme inhaltlich bereits bekannt sind.

Diese entscheidende Voraussetzung ist bei meinem Thema nicht gegeben gewesen. Daher war es unumgänglich, die einzelnen Probleme zunächst inhaltlich darzulegen.[127] – In diesem Zusammenhang sei erwähnt, daß ich als Autor aufgrund meiner konzeptionellen Gestaltungsfreiheit allein darüber befinde, wie ich meine Arbeit verfasse.

Das Gesamtwerk sei, fuhr der Projektleiter fort, in dem Sinne deutschlandzentrisch angelegt, daß ich mit den Problemen hätte beginnen sollen, denen sich die deutsche Seite bei der Planung eines Verteidigungsbeitrages hinsichtlich einer Wehrverwaltung gegenübergesehen habe.

Wäre ich dieser Sichtweise gefolgt und hätte die Militärverwaltung der Wehrmacht außer acht gelassen, wäre der Bruch zwischen dieser, ja allen bisherigen deutschen Militärverwaltungen und der neu zu schaffenden Wehrverwaltung nicht darstellbar gewesen.

Einige Wochen, nachdem ich die „Bemerkungen" des Projektleiters erhalten hatte, wurde mein Manuskript[128] im Forschungsbereich III besprochen. Die Einwände bezogen sich hauptsächlich auf die von mir

---

127　Geradezu grotesk wirkte seine Auffassung, daß es Aufgabe des Historikers sei, aus einer Vielfalt unterschiedlicher Materialien einen Sachverhalt *herzustellen*. – Die historischen Sachverhalte bestehen bereits. Diese können bei genügend Quellenmaterial vom Historiker nur noch rekonstruiert werden.

128　In seiner Langfassung von Mitte Oktober 1990, die zwar jetzt erst gelesen wurde, über die aber dennoch – in völliger Unkenntnis ihres Inhalts – eineinviertel Jahre gestritten worden war.

entwickelte Konzeption, nach der ich meinen Beitrag erarbeitet hatte. Als Ergebnis sollte ich für die als unzweifelhaft angezeigt bezeichnete Überarbeitung eine neue Gliederung erstellen.

Einer der Diskussionsschwerpunkte hatte darauf gelegen, ob ich mir nicht am Schluß meiner Abhandlung die Frage stellen sollte, inwieweit sich die BWV wegen ihrer organisatorischen Unabhängigkeit von den Streitkräften in der Praxis – Truppenverwaltung – bewährt habe. Weil diese nicht zur Bundeswehrverwaltung gehört, hatte ich sie nicht abgehandelt. Dennoch habe ich dieses Gebiet in meine neue Gliederung aufgenommen und erarbeitet, weil es sachlich vertretbar war. –

Nach der Wirmer-Konzeption sollte/durfte nie wieder ein Beamter einem Soldaten unterstellt sein. Daher gab es in den zuerst aufgestellten Truppenteilen keine Beamten. Alle Verwaltungsangelegenheiten, die die Truppe betrafen, wurden in der jeweiligen Standortverwaltung erledigt.

Dieser nach dem Willen Wirmers absolut zu gelten habende Grundsatz wurde zum Sündenfall für seine Konzeption. Er versagte in der Praxis so vollständig und außerdem so schnell, daß er aufgegeben werden mußte. Es war umgehend unbedingt erforderlich geworden, wieder Beamte in die Truppe zu entsenden. Diese Truppenverwaltungsbeamten waren dem Kommandeur allerdings nur in allgemein dienstlicher, nicht in disziplinarer Hinsicht unterstellt. Unbeschadet dessen bewirkte dies eine bedeutsame Gewichtsverlagerung zugunsten der militärischen Seite.

Die Äußerungen des Amtschefs und des Leitenden Historikers, die an dieser Sitzung teilgenommen hatten und die ich mir notiert hatte, wurden nur knapp bzw. gar nicht wiedergegeben. Ersterer hatte seinen Eindruck nicht verhehlt, daß die Sachthemen früher hätten erörtert werden sollen.[129]

Ausführungen des Leitenden Historikers wie die, daß meine Gestaltungsfreiheit nicht eingeschränkt wäre, und die, daß dem Gesamtpro-

---

129   Diese Äußerung wirkte wie eine Kritik an der Vorgehensweise des Projektleiters.

jekt ohne Darstellung der Wehrverwaltung etwas fehlen würde, blieben unerwähnt.

Die kommentierte neue Gliederung, die ich anschließend verfaßte, wurde in der nächsten Sitzung des FB III als zu knapp bewertet, und es wurde der Wunsch auf Vorlage einer detaillierteren Fassung geäußert.

Ohne auf meine Darlegungen zur neuen Gliederung einzugehen, die er nur als eher strukturell angelegte Gedanken bezeichnete, bat mich der Projektleiter nachdrücklich, sie zu überdenken bzw. zu überarbeiten und – da brach wieder seine starre Meinung durch – eine problemorientierte Gliederung vorzulegen.

Auf meine Frage, was der Zweck oder Nutzen einer solchen Gliederung zum jetzigen Zeitpunkt sei, erläuterte er, daß aus seiner Sicht mit einem so beschaffenen, auf die Probleme ausgerichteten Gliederungstableau das Umschreiben des Beitrages wesentlich erleichtert werde.

Nun legte ich die mehrfach gewünschte eingehend kommentierte Gliederung vor. Vorweg stellte ich fest, daß ich mein Originalmanuskript gemäß der Weisung des Amtschefs um ein Drittel kürzen werde.

Dann wies ich die Angehörigen des FB III darauf hin, daß ich dies wegen seiner sachlichen Angemessenheit anhand des unveränderten verwaltungsgeschichtlichen Ansatzes tun werde. Unmißverständlich ließ ich sie alle wissen, daß ich ihrer Erwartung, mein Manuskript umzuschreiben, nicht entsprechen werde, weil dies auf eine Beeinträchtigung meiner Autorenrechte hinauslaufen würde. Ich verwies auf ein Schreiben des Amtschefs, in dem er mir anheimgestellt hatte, ob ich mir gegenüber geäußerte Anregungen in das zu kürzende Manuskript einbringen wolle.

Die Befolgung der Anregungen der Projektgruppenmitglieder, Verwaltungsprobleme unter politischen Aspekten darzustellen, würde dazu führen, daß verwaltungsgeschichtliche Sachverhalte ohne vorangegangene inhaltliche Beschreibung analysiert würden. Ein derartiges Verfahren hielte ich weder thematisch noch konzeptionell für angemessen. Daher könne sich ihre Erwartung sowohl aus rechtlichen als auch aus inhaltlichen und methodologischen Gründen nicht erfüllen.

Nach Ausführungen über die Einleitung und die Abgrenzung des Themas äußerte ich mich zur Konzeption.

Der EVG-Teil werde so weit wie möglich gestrafft. Nach der Schilderung der Organisation des Europäischen Verteidigungskommissariats und insbesondere der Verwaltungsorganisation sowie des Aufbaus der europäischen Militärverwaltungsbehörden in der Mittel- und der Ortsinstanz hätten in einer Bilanz die militärischen Verwaltungsstrukturen in Wehrmacht und Europäischer Armee verglichen werden sollen. Da eine Erarbeitung wegen des mir vorgeschriebenen Umfanges nicht mehr möglich sei, verliere das Kapitel über die Heeresverwaltung die ihm zugedachte Funktion und falle deswegen ganz weg.

All dies veranlaßte mich zu einer grundlegenden Analyse der Situation, in der ich mich befand.

Zu ihr war es gekommen, weil die Konzeption für das Gesamtvorhaben „Anfänge westdeutscher Sicherheitspolitik" nicht hinreichend durchdacht worden war. Wegen der außerordentlichen Wichtigkeit für es sei noch einmal darauf hingewiesen, daß eine Abhandlung über die Bundeswehrverwaltung gar nicht vorgesehen gewesen war.

Als dann jemand darauf kam, daß man die Entstehungsgeschichte der Bundeswehr nicht ohne die Verwaltungsdienste für sie darstellen konnte, verfiel man in einem lichten Augenblick auf den Gedanken, dieses Thema wegen der ihm eigenen Besonderheiten in einem Beiheft zu bringen. Wäre dies geschehen, hätten sich vermutlich keine Komplikationen ergeben.

Es kam jedoch anders. Dieses Thema wurde in eine für es ungeeignete Gesamtkonzeption hineingezwängt, die für es wie das Bett des Prokrustes wirkte. Da ich jedoch nicht gewillt war, meinen Text so zu behandeln wie der eben genannte Unhold seine Opfer, fällte ich eine grundsätzliche Entscheidung.

Ich entschloß mich, den inzwischen jahrelang andauernden Versuchen, mir die Erfüllung eines Seiten-Solls ohne Rücksicht auf den Inhalt meines Beitrages als unbedingt einzuhaltende Norm aufzuzwingen, ein Ende zu machen. Als dann von mir sogar noch das Umschreiben des Textes selbst verlangt wurde, war für mich das Maß endgültig voll.

Zwar war ich aus dienstrechtlichen Gründen genötigt, wider besseres Wissen einen Text nach einer sachlich weitgehend unangemessenen Konzeption zu verfassen. Das würde ich tun müssen.

Nach Beendigung des vollständig und termingerecht neu Erarbeiteten richtete ich ein Schreiben an den Amtschef. Nachdem ich ihm auf mehreren Seiten nochmals den Gesamtzusammenhang dargelegt hatte, meldete ich ihm, daß ich mein Originalmanuskript gemäß seiner Weisung gekürzt hatte.[130]

Dann holte ich zum entscheidenden Gegenschlag aus.

Ich stellte fest: Das nunmehr vorliegende Manuskript ist wegen der geschilderten Umstände zu einem derartigen Torso geworden, daß ich seine Veröffentlichung für wissenschaftlich nicht verantwortbar halte. Daher werde ich als der für meinen Text allein Verantwortliche von meinen Autorenrechten Gebrauch machen. Ich werde gemäß § 12 (1) Urheberrechtsgesetz für das o. a. Manuskript nicht das Imprimatur erteilen.

Damit hatte ich den Druck meines Beitrages von Amts wegen verboten.

Meine Position war wegen des von mir erfüllten Arbeitsauftrages dienstrechtlich unangreifbar, hatte doch das Bundesverfassungsgericht in Auslegung des Artikels 5 Absatz 3 jedem wissenschaftlich arbeitenden Autor ein Abwehrrecht zugesprochen.

Da ich meine Meldung an den Amtschef auf dem Dienstweg, d. h. über Team- und Projektleiter, gerichtet hatte, äußerte sich dieser dahingehend, daß er dem Amtschef in einer Stellungnahme zu meiner Meldung empfehlen werde, seinerseits nicht das Imprimatur zu erteilen.

Diese „Empfehlung" war nicht nur deswegen unangemessen, weil der

---

130   Freiburg, 30. Juni 1992

Amtschef auch ohne sie seine Entscheidung treffen würde, sondern auch, weil eine solche Maßnahme nach meinem Vorgehen bedeutungslos war.

Dann behauptete er: Wenn mein Manuskript nicht vom Amt gedruckt würde, würde dies „auch draußen" nicht der Fall sein. Wenn ich das tun würde, hätte ich mit Regreßforderungen des Staates zu rechnen, weil ich mein Manuskript im Dienst erarbeitet hätte.

Diese Bemerkungen waren nicht nur wegen ihrer Widersprüchlichkeit bemerkenswert – einerseits schloß er eine Drucklegung „draußen" aus, andererseits sprach er von Folgen, die ein erfolgter Druck für mich haben würde –, sondern vor allem deswegen, weil mir dies gar nicht möglich gewesen wäre, sondern erst nach einer Freigabe durch den Amtschef.

War die Auffassung des Projektleiters nur töricht oder steckte etwas dahinter? – Letzteres erschien mir aus folgendem Grunde so: Sein dem Amtschef gemachter Vorschlag, seinerseits nicht das Imprimatur zu erteilen, wäre bei seiner Annahme sowohl für diesen als auch für mich als Autor nachteilig, für ihn hingegen vorteilhaft gewesen. Hätte der Amtschef diesem Vorschlag entsprochen, hätte er das Vorgehen des Projektleiters gegen mich gebilligt. Dadurch hätte er die von außerhalb des Hauses zu erwartende Kritik auf sich gezogen, obwohl nicht er, sondern der Projektleiter für diese Entscheidung inhaltlich verantwortlich war. Dieser hingegen konnte sich von der Verantwortung befreit sehen.

Der Projektleiter sah sich bald veranlaßt, sich in einer Sitzung der Angehörigen des FB III zu äußern. Über die Nichterteilung des Imprimaturs durch mich wurde im Hause bereits gemunkelt, obwohl er und der Teamleiter Stillschweigen vereinbart hatten.

Dieser Tatbestand sei zu akzeptieren, doch solle der Amtschef keine private Publikation gestatten. Dann wiederholte er das, was er mir allein bereits gesagt hatte, und fügte hinzu: Wenn ich mich nicht anders besinnen würde, würde der 4. Band ohne den Wehrverwaltungsbeitrag erscheinen. Die Seitenzahl übertreibend, meinte er, daß niemand 800, ja 1000 Seiten für ein „Randthema" (!) wie die Bundeswehrverwaltung „wählen" (was nie getan worden war) und schreiben könne.

Ich stutzte – war eine derartige Geringschätzung der BWV – die eine Hälfte der Bundeswehr! – und deswegen auch der Darstellung ihrer Entstehungsgeschichte seinerzeit ein Hauptgrund gewesen, das ganze Projekt von vornherein ohne sie durchzuführen?

Über seine oft groben bis pöbelhaften Äußerungen gehe ich, wie auch früher schon, hinweg – bis auf diese: Er sagte in dieser Sitzung: „Der Autor bekundet seine Unfähigkeit, einen Arbeitsauftrag durchzuführen", und behauptete dann auch noch, eine „wertfreie (!) Stellungnahme" abgegeben zu haben.

Jetzt war er endgültig zu weit gegangen. Als ich ihm sagte, daß ich mir seine Aussage notiert hätte, schien ihm wohl zu dämmern, daß er den Straftatbestand der Beleidigung erfüllt haben könnte. Nun äußerte er: Der Autor habe seine „Unfähigkeit" bekundet, „unter den ihm gegebenen Rahmenrichtlinien einen Arbeitsauftrag durchzuführen." Mit dieser Aussage relativierte er nicht nur seine ursprüngliche Wertung, sondern gab sogar, ohne sich dessen bewußt zu werden, zu, daß ebendiese der eigentliche Grund für meine Handlungsweise waren.

In einer weiteren Sitzung teilte der Projektleiter mit, daß es der Amtschef abgelehnt habe, seinerseits nicht das Imprimatur für meinen Beitrag zu erteilen. Dieser solle, wenn möglich, im 4. Band erscheinen. Der Amtschef könne es nicht verantworten, da ich zwei Projekte nicht dem Anspruch des Dienstherrn gemäß ausgeführt habe. Das, was ich in jahrelanger Arbeit gemacht habe, müsse für mich zu Buche schlagen.

Auf die Frage eines Projektgruppenmitgliedes, wie die Kommission über mein Manuskript informiert werde und ob sie mein Manuskript lesen solle, antwortete der Projektleiter, er habe den Kommissionsvorsitzenden über die Absendung meines Manuskriptes informiert und ihm gesagt, daß ich mein Manuskript „so" nicht veröffentlichen würde. Die

Kommission, auf deren Votum er Wert lege, könne Fragen stellen und darüber befinden, ob mein Manuskript gut oder schlecht sei.[131]

Bis dahin, d. h. bis zur Sitzung der Kommission, während der sie mein Manuskript besprechen wollte, waren noch zwei Monate Zeit. Wichtig war das vorhergehende Gespräch mit dem Amtschef.

Dieser erkundigte sich zunächst nach dem Umfang meiner Arbeit. Als ich ihm 460 maschinengeschriebene (= 620 PC-Seiten) nannte, wollte er den Grund für diese erhebliche Differenz wissen. Ich erläuterte ihm alles das, was ich schon früher – wenn auch stets vergeblich – dem Projekteiter mitgeteilt hatte.

Seine anschließende Frage, ob es zwischen 300 und 500 eine Seitenzahl gebe, die für eine inhaltlich genügende Darstellung ausreichen würde, verneinte ich. Es müßten 500 sein. Er nahm alles zur Kenntnis und sagte, daß er meine Angaben von der Schriftleitung überprüfen lassen werde.

Seine weitere Frage, ob ich meinen Text umgearbeitet hätte, bejahte ich dahingehend, daß ich den EVG-Teil stark gekürzt und, dem gemachten Vorschlag entsprechend, etwas über die Truppenverwaltung gebracht hätte.

Der Amtschef sah zwei Lösungsmöglichkeiten: Erstens die Veröffentlichung eines 500 Maschinenseiten umfassenden Manuskriptes im vierten Band des Gesamtprojektes oder zweitens eine vom MGFA herausgegebene Monographie; dann spiele die Seitenzahl keine so große Rolle. Es gehe nicht an, daß sich der Autor sein Manuskript unter den Arm klemme und privat veröffentliche.

Ich erwiderte, daß ich nicht das wolle, sondern nur eine sachgerechte Behandlung meines Manuskriptes und eine ebensolche Publikation. Dann erklärte ich mich mit jeder der beiden Lösungen einverstanden, für die er sich entscheiden würde.

Als ich dem Amtschef die von ihm gewünschte Berechnung der Schrift-

---

131   Hier warf ich ein, daß mein Manuskript weder das eine noch das andere, sondern daß es wegen der mir aufgezwungenen Konzeption unzulänglich sei.

leitung über die Umrechnung von Maschinen- auf PC-Seiten vorlegen wollte, sprach dieser gerade mit dem Projektleiter. Er holte mich hinzu und fragte mich, ob das Thema auf 400 Seiten hinreichend darstellbar sei. Ich verneinte.

Nachdem der Projektleiter gegangen war, ließ mich der Amtschef wissen, daß er einen Gutachter bestellten werde.[132] Die beiden Fassungen meines Manuskriptes – d. h. die Original- und die durch seine Weisung für mich verbindlich gewordene, inhaltlich weitgehend veränderte Fassung – einem neutralen Gutachter, der sich mit Verwaltungsgeschichtsschreibung befasse, geschickt werden würden.

Diese Maßnahme wäre nicht notwendig gewesen, weil das Ministerium als eine Folge aus den Auseinandersetzungen um meinen Beitrag für den 4. Band der Weltkriegsreihe für das MGFA einen Wissenschaftlichen Beirat bestellt hatte, der etwaige weitere Fälle dieser Art intern lösen sollte.

Hätte der Amtschef – was ja naheliegend war – dieses Gremium mit der Klärung der Angelegenheit betraut, hätte er das Ergebnis, zu dem es gelangt wäre, wohl nolens volens akzeptieren müssen. An dasjenige des Gutachters hingegen hätte er sich nicht zu halten brauchen und weiterhin nach eigenem Ermessen verfahren können.

Selbst wenn der Amtschef dies nicht beabsichtigt haben sollte – mit seiner Entscheidung, einen Gutachter zu bestellen, hatte er unausgesprochen ein geradezu vernichtend wirkendes Urteil über das des Projektleiters gefällt.

Diesem ist dies in seiner Selbstbesessenheit sicherlich nicht bewußt geworden. Wäre es so gewesen, hätte er nicht behauptet, selbst das Erstellen

---

132 Als ich tags darauf dem Projektleiter auf dem Flur begegnete, äußerte dieser, er habe dem Amtschef vorgeschlagen, einen Gutachter zu bestellen. – Diese Behauptung war nicht nur deswegen unglaubwürdig, weil sie die Mitteilung des Amtschefs, an dessen Worten ich nicht im geringsten zweifelte, in ihr Gegenteil verkehrte, sondern auch, weil er damit – wie in vielen seiner Äußerungen unbedacht – zugegeben hätte, daß er nicht in der Lage gewesen war, mein Manuskript sachgerecht zu beurteilen.

eines Gutachtens vorgeschlagen zu haben, und dadurch die Einschätzung des Amtschefs als zutreffend bestätigt.

Wie dem auch sein mochte – der Projektleiter fühlte sich bemüßigt, den Ausführungen des Amtschefs einiges hinzuzufügen, wie die Bemerkung, daß mir der Name des Gutachters nicht bekannt gegeben werde.[133] Dann behauptete er abermals, es seien nur 300 Seiten vereinbart worden. Als ich dies anhand der Meldung seines Stellvertreters an den Leitenden Historiker[134] – 500 Seiten – als eindeutig falsch widerlegte, verstieg er sich sogar, jetzt von nur noch 250 Seiten sprechend, zu der Behauptung, daß sich sein Stellvertreter geirrt habe.

Bemerkte er wirklich nicht oder war es ihm gleichgültig, wie unglaubwürdig diese seine Äußerung wirken mußte? – Wenn die Meldung seines Stellvertreters an den Leitenden Historiker wirklich eine irrige Seitenzahl enthalten hätte, hätte er sie nach Kenntnisnahme sogleich korrigieren müssen, doch er hatte nichts unternommen.

In seinem Schreiben, daß er mir nach der gemachten Mitteilung über Bestellung eines Gutachters verfaßt hatte, führte der Amtschef aus, daß ich dem von ihm eingeleiteten Verfahren zugestimmt hätte, mein Manuskript im Rahmen der nächsten Sitzung der Kommission in Bonn vorzustellen, und daß ein vom ihm benannter Professor ein Gutachten erarbeite.

Als ich weiterlas, traute ich kaum meinen Augen. Er bat mich nämlich zu prüfen, inwieweit ich diejenigen Teile meines ursprünglichen Manuskriptes wiederherzustellen vermochte, die ihm und dem Projektleiter (!) als „unverzichtbar" erschienen, nämlich vor allen Dingen die über den Zusammenhang der Wehrverwaltung der Bundeswehr mit der Militärverwaltung der Deutschen Wehrmacht.

Vor „diesem Hintergrund" ging er davon aus, daß ich meine Feststel-

---

133 Es dauerte nicht viel länger als eine Stunde, bis ihn mir ein wohlmeinender Kollege mitteilte.

134 Vgl. FN 122

lung in meinem Schreiben vom 30. Juni 1992 an ihn, nicht das Imprimatur zu erteilen, bis zu den weiteren Entscheidungen ausgesetzt hatte.

Welch eine Wendung! Nachdem ich mein Manuskript wegen der mir erteilten Weisung zum Einhalten der Seitenzahl hatte weitgehend umändern müssen – Wegfall der Ausführungen über die Militärverwaltung der Wehrmacht, erhebliche Umgewichtung der Darstellung der Gegebenheiten in der EVG-Phase –, erschienen diese beiden Teile dann doch als so unverzichtbar, daß ich sie wiederherstellen sollte. – Dies war leicht zu bewerkstelligen, weil ich nur auf mein Originalmanuskript zurückzugreifen brauchte.

Ohne den Initiator zu nennen, wies der Projektleiter in einer Sitzung vor der Tagung der Kommission auf das Gutachten hin und meinte, es solle so rechtzeitig vorliegen, daß es während dieser mitverwendbar sei. Dann teilte er noch mit, daß die Kommission nichts von den Meinungsverschiedenheiten zwischen ihm und mir wisse; sie sollten während der Sitzung nicht erwähnt werden.

Das Gutachten lag zwar bereits etliche Tage vor dieser Sitzung vor, wurde mir jedoch erst deutlich später zugänglich gemacht. Ich übergehe es inhaltlich, weil es für meine Arbeit letztlich wirkungslos geblieben ist.

In der Sitzung, in der die Kommission über mein Manuskript diskutierte, informierte sie der Projektleiter über das Vorliegen dieses Gutachtens. Dessen Existenz wurde zwar zur Kenntnis genommen, doch inhaltlich unbeachtet gelassen. Die Frage des Projektleiters, ob er den Inhalt vortragen solle, verneinte der Kommissionsvorsitzende.[135]

Die Stellungnahmen der Kommissionsmitglieder werden, von einzelnen Punkten abgesehen, nicht dargelegt, weil sie nach jeder Sitzung eine „Empfehlung" aus ihren Beratungen aussprach, die deren Quintessenz enthielt.

Bereits während der Sitzung beschloß die Kommission mehrere Emp-

---

135 „Die Mitglieder der Kommission wünschten mehrheitlich, ihr Urteil über das Manuskript unabhängig von dem Gutachten abzugeben." Protokoll der 36. Sitzung der Kom. „EGeschBw" am 11. September 1992 in Bonn, S. 3

fehlungen, von denen die erste lautete: „Die Behandlung des Themas Entstehung der Bundeswehrverwaltung in Band 4 ‚Anfänge westdeutscher Sicherheitspolitik' ist unverzichtbar.“[136] Es folgten mehrere Empfehlungen, wie ich mein Manuskript überarbeiten sollte.[137]

Nachdem mir der Amtschef post festum das Gutachten „zur persönlichen Auswertung“ übersandt hatte, unterrichtete er mich „in groben Zügen“ über den mit dem Projektleiter abgesprochenen „weiteren Gang der Behandlung“ meines Manuskriptes. Dessen Abfassung solle so terminiert werden, daß alle Autoren des 4. Bandes „etwa gleichzeitig ihre Arbeit“ beendeten.

Dagegen war nichts einzuwenden, doch der darauffolgende Satz machte mich mißtrauisch: „Um dieses Ziel zu erreichen, werden wir einige Zeitlinien festlegen, um in der Arbeitsgruppe wie auch mit der Kommission ‚EGeschBw' das Manuskript kontinuierlich zu begleiten.“

Ich vermutete – wie sich bald herausstellte, zu recht –, daß nicht alle drei Manuskripte, sondern nur meins, und zwar durchgehend, so kontrolliert werden sollte, daß ich das offiziell gewünschte Ergebnis produzierte.

Immer wieder wurde gesagt, ich hätte nicht zu sehr aus den Akten referieren, sondern den Stoff „reflektieren“ und „verdichten“ sollen.

Diese Kritik war unangemessen. Das Thema „Bundeswehrverwaltung“

---

136 Ihre Auffassung vertrat sie „einhellig“. Ulrich de Maizière General a. D. Vorsitzender der Kommission „Entstehungsgeschichte der Bundeswehr“ 5300 Bonn 2, 08.10.1992, Empfehlung der Kommission „Entstehungsgeschichte der Bundeswehr“ anläßlich ihrer 36. Sitzung am 11.09.1992 in Bonn. Dem Amtschef MGFA teilte der Kommissionsvorsitzende in einem Schreiben vom gleichen Tage mit, daß er diese Empfehlung dem Generalinspekteur und dem Bundesminister der Verteidigung übersandt habe. Der Amtschef MGFA und der Vorsitzende des Beirates beim MGFA erhielten ebenfalls ein Exemplar.

137 Zu Beginn dieser Sitzung hatte ich den Entwurf einer Konzeption verteilt, die ich gegenüber der bisherigen umgewichtet hatte. Ich hatte sie unter Berücksichtigung der vor allem im Gutachten und z. T. der von der Kommission geäußerten Kritik überarbeitet. – Die Kommission berücksichtigte ihn nicht.

war ein Sonderfall. Es war Grundlagenforschung zu betreiben, weil es noch keine Darstellung der Gesamtthematik gab und daher auch keine Literatur, auf die ich mich hätte stützen können. Um so wichtiger war es, zunächst die Fakten zu bringen, weil erst durch deren Kenntnis die Sachverhalte erkennbar wurden.

Mein Manuskript enthielt die erste Darstellung von Aspekten der Vor- und Entstehungsgeschichte der Wehrverwaltung des Bundes. Deswegen mußten sie, bevor die einzelnen Sachverhalte bewertet werden konnten, inhaltlich ausführlich aus den Akten dargelegt werden. Wäre dies unterblieben, wäre es zu einer nur an Problemen orientierten Darstellung gekommen, die wegen der ungenannten Fakten nicht hätte überzeugen können.

Bei einer derartigen Verfahrensweise werden Grundpositionen gewichtet und bewertet, ohne daß vorher gesagt worden ist, worum es der Sache nach geht. Ein bloßes Über-etwas-Schreiben ohne die Möglichkeit, auf anderweitig vorhandene Sachdarstellungen verweisen zu können, ist methodologisch nicht vertretbar.

Ein „Verdichten" wäre erst dann möglich und angebracht gewesen, wenn zu dem jeweils zu bearbeitenden Thema – wie es nahezu immer der Fall ist – bereits Literatur vorhanden ist. Auf den in ihr enthaltenen Forschungsergebnissen kann aufgebaut werden, und Sachverhalte, die den eigenen Forschungsgegenstand inhaltlich berühren, können tatsächlich „verdichtet" werden, indem nur das Grundlegende wiedergegeben und für die Einzelheiten auf sie verwiesen wird.

Dies ist so eindeutig, daß mehrere Teilnehmer während einer wissenschaftlichen Plenumssitzung die Forderung nach „Verdichtung" zurückwiesen. Die Feststellung, daß erst dann, wenn Grundlagenforschung betrieben worden sei, ein Text in komprimierter Form gebracht werden könne, traf zwar zu, wurde jedoch nicht weiter zur Kenntnis genommen. Selbst die schmeichelhaft klingende Bemerkung, daß auf der im MGFA gemachten Grundlagenforschung andere Wissenschaftler aufbauen würden, verhallte ungehört.

Das war nicht verwunderlich, weil es nicht darum, sondern um etwas ganz anderes ging. Dies läßt sich an folgendem geradezu exemplarisch nachweisen.

Im Protokoll der Sitzung der Kommission am 11. September 1992 ist manches unerwähnt geblieben,[138] wie die Kritik, daß ich der Kontroverse Berndt/Wirmer zu viel Platz eingeräumt, sie zu weit „ausgewalzt" hätte. – Was war gemeint?

Da Wirmer die notwendige Sachkenntnis fehlte, um die Planungen für die Verwirklichung seines Modells selbst machen zu können, beauftragte er Berndt, der Generalintendant der Heeresverwaltung der Wehrmacht gewesen war.

Dieser handelte jedoch nicht im Sinn der ihm vorgegebenen – und für ihn verbindlichen! – politisch motivierten reformerischen Sichtweise, sondern versuchte, die neue Wehrverwaltung nach den überkommenen Grundsätzen zu gestalten. Damit hatte er sich in einen so starken Gegensatz zur Konzeption Wirmers gesetzt, daß diesem gar nichts anderes übrigblieb, als ihn zu entlassen.

Gegen diese Maßnahme war nichts einzuwenden, weil es kein Hauptverantwortlicher für ein bestimmtes Projekt dulden kann, daß seine grundsätzlichen Vorgaben von einem ihm Nachgeordneten nicht nur nicht befolgt, sondern geradezu in ihr Gegenteil verkehrt werden.[139]

In diesem Fundamentalstreit hatte ich die Argumente einander gegenübergestellt und sie in ihrer Bedeutung für die Planungen der neuen Wehrverwaltung bewertet. Durch dieses intensive Abwägen trat klar

---

138 Von diesem Weggelassenen habe ich, die Ausführungen der Kritiker mitschreibend, vieles für mich festgehalten. Betr.: Sitzung der Kommission „EGeschBw" am 11.09.1992 in Bonn

139 Hier zeigt sich einer der wichtigsten Unterschiede zwischen Verwaltungshandeln und wissenschaftlichem Arbeiten. In diesem Bereich ist der Einzelne an keinerlei Weisungen inhaltlicher Art seitens Dritter gebunden. Er verfaßt seine Ausarbeitung in vollständiger Eigenverantwortung. Für den Fall, daß seine Forschungsergebnisse unerwünscht sind, ist es lediglich möglich, ihre Veröffentlichung zu verhindern.

zutage, daß es, wie die eine Seite sagte, um „civil control" ging, während die andere Seite meinte, es handele sich um eine Kontrolle der Soldaten durch Beamte.

In der Behauptung, ich hätte diesen Punkt „ausgewalzt", drückte sich das Unbehagen darüber aus, daß ich nicht, die gegenteiligen Argumente ausklammernd, *über* diese Auseinandersetzung geschrieben, sondern sie inhaltsbezogen beurteilt hatte.

Vor diesem Hintergrund spielte sich die Auseinandersetzung darüber ab, nach welchem Ansatz ich gearbeitet hatte bzw. hätte arbeiten sollen. Ich hatte den verwaltungsgeschichtlichen zugrunde gelegt und sah mich durch das Gutachten bestätigt. Ihn hatte es so akzeptiert, daß sich die in ihm geübte Kritik ausschließlich auf Ausführungen innerhalb dieses Rahmens bezog.

Der Projektleiter hingegen vertrat eine entgegengesetzte Auffassung: Genau dies, nämlich von einem verwaltungsgeschichtlichen Ansatz zu schreiben, sei *nicht* erwünscht gewesen. – Damit stand meine Entscheidung für jenen der axiomatischen Meinung des Projektleiters in einem ebenso klaren wie unüberbrückbaren Gegensatz gegenüber. Daher wies ich unmißverständlich darauf hin, daß ich auch in meiner neuen Konzeption vom wissenschaftlich-verwaltungsgeschichtlichen Ansatz ausgegangen war.

Obwohl sich zwei inhaltlich widersprechende Konzeptionen gegenüberstanden, hätte es zu keiner Kontroverse kommen können oder gar dürfen, wenn die Gegenseite geltendes Recht geachtet und sich entsprechend verhalten hätte. Doch weil sie ein höchstrichterliches Urteil mißachtete, kam es zu einer solchen.

Um es wegen der maßgebenden Wichtigkeit zu wiederholen: In Auslegung des Artikels 5 Absatz 3 des Grundgesetzes hatte das Bundesverfassungsgericht am 29.05.1973 entschieden, daß jeder wissenschaftlich arbeitende Autor bei der inhaltlichen Gestaltung seine Arbeit einschließlich der ihr zugrundeliegenden Konzeption keiner Fremdbestimmung unterliegt, sondern frei ist, weil er über ein entsprechendes Abwehrrecht verfügt. Demzufolge können ggf. nur Einzelheiten in der Konzeption des Autors diskutiert werden. Sie selbst ist nicht bestreitbar.

Selbst wenn die Rechtsgrundlage nicht so eindeutig zu meinen Gunsten gewesen wäre, wie sie es tatsächlich war, war die andere – die politisch-reformerische – Konzeption aus einem weiteren Grund inakzeptabel.

Sie war nämlich nicht nur unter rechtlichen, sondern auch unter sachlichen Gesichtspunkten für mich unannehmbar, weil sie auf einer unzutreffenden Annahme beruhte. Ihre Befürworter behaupteten, daß die Bundeswehrverwaltung ein Teil des Reformprozesses gewesen war, den es innerhalb der Bundeswehr gegeben hatte. Das traf nicht zu.

Mein wichtigstes Forschungsergebnis, zu dem ich nach mehrjährigem Quellenstudium gelangt war, war dieses: Die Schaffung einer zivilen Wehrverwaltung im nationalen Rahmen war keine Verwaltungsreform. Sie war vielmehr ein politisches Vorhaben, durch das erreicht werden sollte und wurde, daß keine Militärverwaltungsstrukturen der Wehrmacht in die Bundeswehr übernommen wurden. Der durch und durch politische Charakter dieser Maßnahme zeigte sich auch daran, daß die Vertreter der Wirmer-Konzeption die Intendanturverwaltung der Wehrmacht verworfen hatten, ohne ihre Strukturprinzipien geprüft und ihre Bewährung im Kriege berücksichtigt zu haben.

Wie so oft habe ich die Angehörigen des Forschungsbereichs III auch bei dessen nächster Sitzung wissen lassen, daß ich Kürzungen ausschließe, durch die der Inhalt meines Beitrages zerschlagen würde. Ich würde ihn nicht zu dem Zweck verkleinern, daß er in den 4. Band passe.

In dieser Sitzung berichtete der Projektleiter zunächst über die letzte Sitzung der Kommission. Obwohl in ihr vor allem über das Manuskript eines anderen Mitarbeiters am Band 4 gesprochen worden war, wurde auch die Frage nach seiner Erscheinungsform insgesamt erörtert. Dieses Problem war nicht nur auf meinen Beitrag bezogen, sondern war grundsätzlicher Natur. Die Lage wurde dadurch weiter kompliziert, daß die

Mitglieder der Kommission in diesem wichtigen Punkt unterschiedliche Auffassungen vertraten.

Nach seiner auch hier wiederholten Meinung „vom kollegialen Stil" der Autoren, ihrer gleichzeitigen Einbindung in die Disziplin, dem „kollegialen Verhalten" des MGFA usw. bekundete der Projektleiter seinen Willen, „für den 4. Band eine Lösung zu finden", die es ermöglichte, ihn „in einer allseits akzeptablen Form zu publizieren"; das „liege letztlich in unserer Verantwortung".

Wenn der 4. Band nicht zustande komme, fügte er mit einem gedanklichen Schlenker hinzu, wäre das für ihn „ein persönliches Ärgernis". Außerdem sei der Gesamtschaden groß, weil wir (sic) es nicht geschafft hätten, nach jahrelanger Arbeit „in Harmonie" (!) das gesamte Forschungsprojekt mit einem Gesamtband abzuschließen. – Wie bezeichnend für ihn war seine Bemerkung, er würde es dem Amtschef „sehr ungern" überlassen, als Schiedsrichter „unter nichtwissenschaftlichen Gesichtspunkten" zu entscheiden!

Dann verwies er auf die nächste Sitzung des Wissenschaftlichen Beirates für das MGFA. Wenn dieser merke, daß in diesem etwas nicht entscheidbar sei, werde er eventuell zu Lösungen kommen, die auch den Autoren nicht passen könnten.

Diese Behauptung war belanglos, weil sich der Beirat um das Gesamtprojekt allem Anschein nach nie gekümmert hatte und – vor allem! – weil sich die Kommission jeden Eingriff in ihre Tätigkeit verbeten hätte. Es sei nur daran erinnert, daß sie es abgelehnt hatte, das Gutachten zu meinem Beitrag zur Kenntnis zu nehmen. – Im übrigen verharrte der Beirat, wie es später tatsächlich der Fall war, in Untätigkeit.[140]

Nach dieser Sitzung ergänzte der Amtschef meinen bisherigen Arbeitsauftrag. Unter Berücksichtigung der im Gutachten, in der Projektgruppe und von der Kommission gemachten Vorschläge sollte ich mein Manuskript innerhalb eines siebenmonatigen Zeitraumes gekürzt vorlegen.

---

140   s. sein Schreiben vom 28.09.94; unten S. 140, FN 165

Nach ihrer Fertigstellung sollten die Kapitel dem Projekt- und dem Teamleiter zwecks Besprechung mit mir vorgelegt werden.

Mit diesen beiden wurden ein Vierteljahr später die Einleitung und das erste Kapitel besprochen. Im Kern drehte es sich wieder – d. h. immer noch – um die Konzeption. Der Projektleiter meinte unbeirrt: Militärhistorisch gesehen, sei das Militär*politische* das Erste, Allgemeine. Verwaltungskriterien können nicht (!) als Maßstäbe für die Wehrverwaltungsgeschichte angewendet werden.

Zu seiner Absicht, mir seine andersgeartete Konzeption aufzudrängen, erklärte ich nur noch, daß ich die Arbeit nach der meinigen fertigstellen würde. Allein diese könne diskutiert werden, und nur diese könne man annehmen oder ablehnen. Dabei blieb es.

Zwar lag mein überarbeitetes Manuskript im Laufe des August 1993 in Reinschrift vor, doch es geschah nichts. Selbst in der nächsten Sitzung der Kommission zwei Monate später[141] wurde es nicht behandelt. Die beiden inhaltlichen Schwerpunkte bildeten vielmehr die Diskussion über einen anderen Beitrag und die Frage nach der Publikationsform des Gesamtbandes.

Bis auf den einen Satz, daß man den 4. Band nicht in drei Monographien auseinanderfallen lassen solle, waren die Ausführungen des Projektleiters bedeutungsloses Gerede. Dieses einfach übergehend, äußerte sich der Amtschef inhaltlich sachbezogen: Zwar sollten der andere und mein Beitrag noch weiter gekürzt werden, doch tendiere er dazu, daß wenig gekürzt werde. Wenn ein Verlust an inhaltlicher Substanz vermieden werden solle, würden diese beiden Beiträge nicht in einen Band passen.

Dann stellte er sich eindeutig gegen die vom Projektleiter starr vertretene Position: Es seien „alternativ" drei Monographien ins Auge zu fassen. Noch habe er keinen Entschluß gefaßt, doch er werde „unter Berücksichtigung der zeitlichen Aspekte pragmatisch entscheiden".

---

141 Protokoll der 37. Sitzung der Kom. „EGeschBw" am 26. Oktober 1993 in Bonn, Dritte Korrektur, S. 14

Sich den verlegerischen Gesichtspunkten zuwendend, führte er aus: Die finanzielle Belastung, die sich aus dem gleichzeitigen Erscheinen aller drei Beiträge[142] ergeben würde, ließe sich strecken, wenn es nacheinander geschehe.[143] Im übrigen ziehe die Komprimierung eines Textes, die eine neue wissenschaftliche Leistung sei, nicht nur Neubearbeitungen nach sich, sondern sie sei auch zeitintensiv. Weitere wichtige Gesichtspunkte seien die Länge der Bearbeitungszeiten und die gezahlten Gehälter.

Er wünsche den Abschluß des Gesamtprojektes, damit seine Mitarbeiter neue Aufgaben übernehmen könnten. Zusammenfassend stelle er fest: „Bei drei Monographien gebe es weniger Kürzungen, weniger Zeitaufwand, Substanzerhaltung des Inhaltes."

Mit dieser Lösungsmöglichkeit hatte der Kommissionsvorsitzende nicht gerechnet und bezeichnete sie als „etwas ganz Neues: Band 4/1, 4/2, 4/3'; es handele sich hier um eine Grundsatzfrage". Das Erscheinen des 4. Bandes in Form getrennter Monographien würde er bedauern.

Die Frage des Kommissionsvorsitzenden, was andere Autoren dazu sagen würden, beantwortete der Amtschef damit, daß sich diese mit der monographischen Lösung abzufinden hätten.[144] Es handele sich um eine neue Lage, die gelöst werde.

Dem widersprach der Projektleiter mit der Behauptung, daß nach Kürzungen alles in den 4. Band hineingehe. Das müßte dann möglich sein, wenn die beiden Autoren „ein gewisses Maß an ‚innerer Überwindung' an den Tag legen würden." Wenn gestattet werde, deren Beiträge als

---

142 Der dritte Beitrag wurde von einem amtsinternen Autor erarbeitet und lag noch nicht vor.

143 Dies war ein besonders wichtiger Gesichtspunkt, weil der jährliche Druckkostenetat für das MGFA um mehrere hunderttausend DM gekürzt worden war.

144 Damit hatte er diejenigen Autoren, die, sich selbst als „pflegeleicht" bezeichnend, die Auffassung des Projektleiters befürwortet hatten, kurzerhand abgefertigt. Diese reagierten pikiert, doch ihre Meinung wurde als so bedeutungslos eingeschätzt, daß niemand auf sie einging.

Monographien erscheinen zu lassen, sei das für ihn als Projektleiter „ein Autoritätsverlust".

Das also war es! Es ging dem Projektleiter nicht um die sachlich angemessene Art der Publikation wissenschaftlich einwandfreier Beiträge, sondern nur darum zu verhindern, daß sie in einer Form erschienen, durch die seine ‚Autorität' keine Einbuße erlitt.

Bei meinem Verweis darauf, daß mein Beitrag ursprünglich in monographischer Form erscheinen sollte, berief ich mich auf die Ausführungen des Projektleiters, wie er sie in diesem Sinne seinerzeit vor der Kommission gemacht hatte. Seine Reaktion auf diese unbestreitbare Tatsache war so ausfallend, daß sich der Kommissionsvorsitzende zu einer mißbilligenden Äußerung veranlaßt sah.[145]

Dies war ein kleines Geplänkel innerhalb der ausführlichen Diskussion, die die Kommissionsmitglieder untereinander über die Grundsatzfrage führten, als die ihr Vorsitzender das Problem der Publikation des 4. Bandes bezeichnet hatte.

Ihre jeweiligen Stellungnahmen waren so kontrovers, daß der Vorsitzende feststellte, die Kommission sei „erstmalig nicht ganz einer Meinung". Das Ergebnis der Beratungen über die strittige Grundsatzfrage – Band 4 als Sammelband oder in Einzellieferungen – spiegelte die unterschiedlichen Auffassungen wider.

Der Vorsitzende der Kommission und ein weiteres Mitglied (der einzige Historiker in diesem Kreis) setzten sich für einen Sammelband ein. Der ihr angehörende Wehrverwaltungsbeamte neigte einem solchen zwar ebenfalls zu, „würde jedoch notfalls Einzellieferungen zustimmen". Das vierte Mitglied setzte sich für Einzellieferungen ein.

Der Amtschef tendierte ebenfalls zu ihnen. Der Projektleiter und seine beiden folgsamen Mitarbeiter am Projekt befürworteten einen Sammel-

---

145 Nachdem er zuvor unter anderem geäußert hatte, er wünsche sich, daß ich mit meinen Dokumenten und Aussagen weniger leichtfertig umgehen möge als bisher, knickte er nun ein und gab „zu verstehen, daß seine Äußerung etwas scherzhaft gemeint gewesen sei".

band, der Autor des anderen Beitrages erklärte sich bei der ihm zuge-
billigten Zahl von Normseiten mit ihm einverstanden. Ich wurde nicht
nach meiner Meinung gefragt.

So verfahren die Lage auch war – es mußte eine Lösung gefunden
werden. Erschwert wurde die Suche nach ihr durch die Machtverhältnisse. Der Amtschef, der die Entscheidung zu treffen hatte, befürwortete
zwar den Druck in Einzellieferungen, doch seinem Bestreben, alles möglichst sachgerecht zu gestalten, stand das Eigeninteresse des Projektleiters
entgegen. Dieser befürchtete in seiner Egozentrik so sehr, an Prestige
einzubüßen, daß für ihn die Frage, ob der 4. Band in sachlich angemes-
sener Form erschien, nachrangig war. Amtsintern wäre dies unerheblich
gewesen, weil in jeder Dienststelle ihr Leiter die endgültige Entscheidung
trifft. In diesem Falle war es jedoch so, daß der Projektleiter mit der Unterstützung der Mehrheit der Kommissionsmitglieder rechnen konnte.

Über die Erscheinungsform des 4. Bandes brauchte jedoch nicht schon
jetzt befunden zu werden, weil sich die Kommission erst noch über mein
Manuskript beraten wollte.

II.6. Amtliche Ablehnung des Wehrverwaltungsbeitrages

Dies geschah ein gutes halbes Jahr nach ihrer letzten Sitzung. Ihr Ergebnis bestand darin, daß die Kommission den Druck meines Manuskriptes
ablehnte. Das offizielle Protokoll[146] war so allgemein gehalten, daß man
ihm die wirklichen Gründe für deren Votum nicht entnehmen konnte.
Da ich die Ausführungen aller sofort mitschrieb, gebe ich den Verlauf
inhaltlich wieder.

Die Sitzung begann damit, daß der Kommissionsvorsitzende dem
Projektleiter zu seiner Ernennung zum Leitenden Historiker gratulierte.

---

146   Protokoll der 38. Sitzung der Kom. „EGeschBw" am 16. Mai 1994 in Bonn

Sofort berichtigte ihn der Amtschef dahingehend, daß der Projektleiter nicht dazu, sondern zum Leiter der Abteilung Forschung ernannt worden war. – So hieß es dann im offiziellen Protokoll.

Der Projektleiter war also nur vom Leiter eines der vier Bereiche der Abteilung Forschung zu deren Gesamtleiter geworden. Das hinderte ihn jedoch nicht daran zu behaupten, daß er die wissenschaftliche Leitung des Amtes übernommen habe.

Seine Aussage war nicht nur überheblich, sondern auch falsch, weil neben der Abteilung Forschung eine weitere wissenschaftliche Abteilung bestand. Sie waren voneinander unabhängig. Keinem der beiden Leiter war es möglich, dem jeweils anderen irgendeine Weisung zu erteilen. Dies konnte allein der Amtschef.

Nachdem der Kommissionsvorsitzende den Projektleiter um eine einleitende Stellungnahme ersucht hatte[147], äußerten sich die Angehörigen der Kommission. Ihrer aller Kritik war einmütig und durchgehend negativ. Jeder stimmte der jeweils vorher geäußerten zu und trug danach seine eigene vor.

Zunächst äußerte sich das für die BWV zuständige Mitglied. Als sein Gesamturteil stellte es fest, daß mein Manuskript im Rahmen des Gesamtkonzeptes Entstehungsgeschichte der Bundeswehr „nicht geeignet" sei, „dieses wichtige Teilgebiet der Aufbauarbeit darzustellen"[148]. In der vorgelegten Form eigne es sich auch nicht für eine Einzelveröffentlichung.

Hätte es jemand irgendwann von ihm behauptet – ich hätte es für ausgeschlossen gehalten, daß der Wehrverwaltungsbeamte H., ein pro-

---

147   Die Ausführungen im offiziellen Protokoll waren erheblich länger als alles, was ich während seines Vortragens mitgeschrieben hatte. Sie wirkten wie eine inhaltliche Vorwegnahme dessen, was von den Kommissionsmitgliedern erst anschließend vorgebracht wurde. – Das Ganze wirkte wie eine prästabilisierte Harmonie zwischen Kommission und Projektleiter.

148   Nach Form und Inhalt sei meine Arbeit an einer Monographie orientiert, werde ihr aber nach Aufbau und Inhalt nicht gerecht. Offiz. Protokoll, S. 2, le. Abs. – S. 4 mi.

movierter Jurist im Range eines Ministerialdirigenten, das nach Art. 5 Abs. 3 GG geltende Verfassungsrecht gänzlich mißachten würde. Jetzt erfuhr ich, wie leicht selbst eine verfassungsrechtliche Bestimmung, die ich für unantastbar gehalten hatte, als unerheblich betrachtet wurde. –

Ebenfalls unangemessen war seine inhaltsbezogene Kritik, weil er seine eigene Auffassung zum alleinigen Maßstab für die Beurteilung meines Textes machte. Je nachdem hätte ich entweder etwas viel zu ausführlich gebracht und hätte es kürzen müssen oder ich hätte etwas nicht breit genug dargelegt und hätte es umfassender darlegen müssen.

Die Art seiner Kritik soll nun an zwei Beispielen gezeigt werden.

Er beanstandete, daß ich die Verhandlungen über die EVG und auch die für sie vorgesehene Spitzengliederung viel zu weitschweifig abgehandelt hätte. Für diese Entwicklungsphase hätte eine Zusammenfassung genügt.

An dieser seiner Meinung läßt sich deutlich nachweisen, was das „Über-die-Dinge-Schreiben" bedeutet und was durch es erreicht werden kann.

Wenn bisher unerforschte historische Sachverhalte wie z. B. die Verhandlungen über den EVG-Vertrag und die ihnen folgenden Planungen nicht mit der sachlich notwendigen inhaltlichen Genauigkeit dargestellt werden, sondern, diese weitgehend vernachlässigend, gleich in ihren Ergebnissen zusammengefaßt gebracht werden, kann alles im einzelnen Unliebsame übergangen und ausschließlich das der eigenen Sichtweise Entsprechende dargelegt werden.

Geschickt sind auch Aussagen, die durch ihre vordergründige Richtigkeit das eigentliche Problem umgehen. Es trifft zu, „daß die Trennung von Kommando und Verwaltung auf der Linie der damaligen politischen Grundeinstellungen lag und deshalb durchgeführt wurde." Jedoch: Mit dieser Formulierung vermied H. zu sagen, daß sie zunächst nur von den Planern, also Wirmers und den in seinem Sinne wirkenden Mitarbeitern, vertreten wurden.

Zwar sei für sie alle die Trennung von Kommando und Wehrverwaltung vorrangig gewesen, doch nach der Entscheidung der politischen Gremien und gesetzgebenden Körperschaften für sie habe sich die BWV um Lösungen zur möglichst effektiven Sicherstellung der Einsatzbereitschaft der Streitkräfte bemüht.

Hier wird der Sachverhalt verdreht.

Die entscheidungsbefugten Institutionen konnten sich nur für die Wirmer-Konzeption entscheiden, weil die alternative Lösung – Truppe und Wehrverwaltung unter einem Gesamtkommando – durch die neue Organisationsform so vollständig ersetzt worden war, daß diese ihnen als einzige vorlag.

Jetzt klang es so, als ob nach der Billigung durch den Gesetzgeber die Wehrverwaltungsbeamten, ihre Hände in Unschuld waschend, nur dessen Willen für die Verwirklichung einer Konzeption vollzogen, obwohl sie selbst diese vorher für ihn erarbeitet hatten.

Jedoch: „man" (i. e. H.) müsse meiner These widersprechen, daß es ihnen „auf eine militärisch zweckmäßige Lösung gar nicht angekommen sei." – Eine solche war wegen des sie leitenden Axioms, die Streitkräfte und die für sie tätigen Verwaltungsdienste auf jeden Fall unabhängig voneinander zu errichten, von vornherein ausgeschlossen.

Als zweites Beispiel für die Art der Kritik H.s nenne ich diejenige an meiner Darstellung der Truppenverwaltung.[149]

Er hielt mir vor, daß ich die Beschreibung der Aufgaben der Truppenverwaltung „zugunsten theoretischer und rechtlicher [!] Erörterungen vernachlässigt" hätte. – Zu diesen gehörte die Darstellung des ehernen Grundsatzes Wirmers, daß nie wieder ein Wehrverwaltungsbeamter einem Soldaten unterstellt sein durfte.

Daher gab es in der Truppe zunächst keine Verwaltung. Deren Aufgaben wurden vielmehr von einem Beamten der jeweiligen Standortverwal-

---

149 Diese hatte ich, wie bereits erwähnt, in der ursprünglichen Fassung nicht abgehandelt, weil sie nicht zur BWV gehört. Die sachlich vertretbare Ansicht der Kommission, sie gehöre dennoch hinein, hatte mich veranlaßt, dieses Teilthema zusätzlich zu erarbeiten.

tung wahrgenommen. Dies erwies sich im Truppenalltag so schnell als unhaltbar, daß ein Beamter zur Dienstleistung in die Truppe abgeordnet werden mußte. Allerdings nicht vollständig, sondern, in Umsetzung der Wirmer-Konzeption, nur in allgemein dienstlicher, nicht in disziplinar-rechtlicher Hinsicht. – Hätte ich dies alles verschweigen sollen?

Zwar sei ich zu recht unter dem Aspekt der Verwaltung auf die Spitzengliederung der Bundeswehr eingegangen, doch meine Darstellung der Territorialorganisation (Streitkräfte/BWV), bemängelte H., verliere sich in überflüssigen Einzelheiten. Um welche es sich – bei der erstmaligen Beschreibung einer Großorganisation! – handeln könnte, ließ er unerwähnt.

Vor allem aber: Dieser Kritikaster konnte mir keinen einzigen Sachfehler nachweisen. Vielleicht war das der Grund, warum im offiziellen Protokoll etliches vom dem fehlte, was er noch gesagt hatte, wie das, daß er keine wissenschaftlichen Ansprüchen genügende Anpassung an das Gesamtwerk sehe.

Das nach H. sprechende Kommissionsmitglied begann mit einem Seitenhieb auf den Projektleiter: „die Unzulänglichkeit des Manuskriptes sei so offensichtlich, daß sich die Frage stelle, ob dessen Entstehung seitens der Projektleitung ausreichend begleitet worden sei."

Ohne eine Antwort erhalten zu haben, stellte er zusammenfassend fest, daß mein Manuskript nicht in die Gesamtkonzeption des Reihenwerkes passe und „auch qualitativ" hinter den anderen Beiträgen für es zurückbleibe.[150]

Der nächste Kritiker meinte nur noch, daß sich mein Manuskript „weder als Beitrag zu Band 4 noch als Einzelpublikation" eigne. Zuvor hatte er bedauert, daß ich bei der Überarbeitung die „leitenden [!]

---

150 Während der Sitzung hatte sich H. nach meiner Mitschrift deutlicher geäußert: Mein Beitrag entspreche nicht der Reputation des MGFA und auch nicht der Qualität der vorangegangenen drei Bände des Projektes. Bei seiner Veröffentlichung komme ein (vierter) Band, der ihnen gegenüber sehr abfalle. Anschließend fragte er nach einem Ausweg, wie meine Arbeit sonstwie veröffentlicht werden könne. Dies alles wurde im offiziellen Protokoll nicht erwähnt.

Empfehlungen"[151] der Kommission nicht beachtet hätte. Ebenso äußerte sich der Kommissionsvorsitzende, darüber offensichtlich entrüstet, daß dies zum ersten Mal geschehen war.

Dann „verdeutlichte [dieser] noch einmal, daß seines Erachtens die Schaffung einer von den Streitkräften organisatorisch unabhängigen Wehrverwaltung zu den kennzeichnenden Reformen bei der Aufstellung der Bundeswehr gehört habe. Ihre Darstellung in den ‚Anfängen westdeutscher Sicherheitspolitik' sei deshalb unbedingt geboten", doch sei „das Manuskript nicht geeignet, den im Gesamtwerk dafür vorgesehenen Platz zu füllen."

„Reform" war der zentrale Begriff, der hier allerdings nicht verwendet werden kann, weil er sich immer auf etwas Bestehendes bezieht, ganz gleich, ob man mit ihm die Wiederherstellung einer ursprünglichen Form oder die Verbesserung bestehender Gegebenheiten durch ihre Umgestaltung bezeichnet, nicht jedoch auf etwas, das erst entstehen soll. Die Bundeswehr insgesamt (oder auch nur einer ihrer Teilbereiche wie die Wehrverwaltung) konnte nicht reformiert werden, weil sie noch gar nicht existierte. Erst nachdem sie geschaffen worden war, waren Reformen in ihrem Bereich möglich.

Die Errichtung der Bundeswehrverwaltung, die als Organisation selbständig neben den Streitkräften stand, war keine Reform, sondern eine Neuerung von außerordentlicher Tragweite. Daß sie politisch motiviert war, entnahm ich der Äußerung des Kommissionvorsitzenden, daß der Kontrolle der Bundeswehr im politischen Rahmen größere Bedeutung als ihrer Funktionsfähigkeit zukam.[152]

---

151   Zur inhaltlichen Bedeutung dieser „Empfehlungen" siehe oben S. 81. Solche werden nur von mental Angepaßten befolgt. Ihr Verhalten führt zu „Konformismus und Servilität. Die Verknüpfung von Plan, Kontrolle und Autorität mit einer Politik, die diesen Zusammenhang zum Leitstern erhoben hat und das kollektive Planforschen als Glückskeks verkauft, birgt nicht nur funktionale Zwänge, sie fördert Oppotunismus und Konformismus bis hin zum Kriechertum." Plaggenborg, op. cit., „Mentale Anpassung".

152   Diese Äußerung findet sich nicht im offiziellen Protokoll. Ich habe sie mitgeschrieben.

Die Entscheidung für sie war deswegen so einschneidend und folgenschwer, weil durch sie mit allem gebrochen wurde, was bis dahin auf militärischem Gebiet jahrhundertelang gegolten hatte. In den bis dahin ca. 350 Jahren der deutschen Militärgeschichte hatte die Militärverwaltung immer zu den Streitkräften gehört. Nun war sie als „Bundeswehrverwaltung" durch ihre organisatorische Trennung von den Streitkräften erstmalig zu einem Teil der zivilen Staatsverwaltung geworden.

Nach den Meinungsäußerungen des Kommissionsvorsitzenden[153] wurde vorgeschlagen, gemeinsam darüber zu beraten, was nun geschehen solle. Das Thema BWV solle nicht in das Gesamtwerk aufgenommen werden. – Auf den in die Debatte geworfenen Punkt „Monographie" wurde nicht eingegangen.

Nun antwortete der Amtschef. Im offiziellen Protokoll hieß es nur, daß er den Mitgliedern der Kommission für ihre Stellungnahmen gedankt und von den beiden Fragen gesprochen habe, die sich ihm gestellt hätten: nämlich, wie es zum Mißlingen des Manuskripts habe kommen können und welche Rechte das MGFA an ihm habe.

Seine an den Vorsitzenden der Kommission gerichtete Bitte, nach den Voten ihrer Kommissionsmitglieder mit diesen allein zu sprechen, blieb im offiziellen Protokoll ebenso unerwähnt wie seine Frage, ob ich mich für den Fall, daß ich nicht verpflichtbar sei, dem MGFA mein Manuskript zur Verfügung zu stellen, in der Lage sehen würde, auf meine Urheberschaft zu verzichten. Er fügte hinzu, daß bis zum März des nächsten Jahres[154] keine Monographie machbar sei.

Dann kam der Projektleiter zu Wort. Nachdem er den in Verlegenheit Geratenen oder vielmehr Gebrachten gegeben hatte[155], meinte er, daß er

---

153 Der folgenden Schilderung liegen vor allem meine mitgeschriebenen Notizen zugrunde, durch die ich die offizielle Darstellung ergänze.

154 Das wäre ein Zeitraum von gut einem dreiviertel Jahr gewesen.

155 Mit dem anderen Autor für den 4. Band sowie mit weiteren Mitarbeitern habe er sich verständigt, nur an mir sei er „abgeprallt". Er übe sich in „fruchtloser Ratlosigkeit". Nachdem er wieder einmal seine bevorzugte Redewendung von

angesichts der jetzigen Lage nur noch die Möglichkeit sehe, bei weiteren Forschungen zur Geschichte der Bundeswehr das Thema BWV erneut zu behandeln und dabei auf meine Arbeiten zurückzugreifen.

Seine Bitte, an der anschließenden internen Besprechung der Kommission teilnehmen zu können, wurde in der offiziellen Version des Protokolls ebenfalls stillschweigend übergangen. Als der Kommissionsvorsitzende den Amtschef fragte, ob er der Bitte des Projektleiters zustimme, wiederholte dieser, daß er mit der Kommission verschiedenes allein besprechen wolle. Erst danach könne der Projektleiter hinzukommen. – Dem stimmte der Vorsitzende zu.

Diesen Vorgang, durch den der Projektleiter coram publico so gedemütigt wurde, daß er vor Wut fast geplatzt wäre, erklärte ich mir damit, daß der Amtschef in mir nicht den Alleinverantwortlichen für die ganze Auseinandersetzung sah, sondern die Kommission offen über den Anteil des Projektleiters an ihr informieren wollte.

Auf eine an mich gerichtete Schlußfrage, ob ich mich „aus Gründen der Fairness" äußern wolle, erwiderte ich, bis nach dem Gespräch des Amtschefs mit der Kommission warten zu wollen.

In der nun folgenden Mittagspause führte der Amtschef ein Gespräch mit mir. Seiner Frage, ob ich mein Manuskript freigeben und auf mein Urheberrecht verzichten wolle, fügte er hinzu, daß er anderenfalls die (von mir beantragte) Zurruhesetzung im März nächsten Jahres nicht genehmigen könne.

Dies konnte er nicht, und hier zeigte sich eine der praktischen Auswirkungen, die sich aus der Trennung von Streitkräften und Wehrverwaltung ergaben. Sie bedingte, daß er als Soldat mir, einem Beamten, in dienstrechtlichen Angelegenheiten nichts genehmigen konnte. Für diese waren ausschließlich Wehrverwaltungsbeamte zuständig.

Da ich den Amtschef nicht provozieren wollte, ließ ich dies unerwähnt.

---

der „kollegialen Selbstdisziplin" bemüht hatte, sprach er davon, daß seine „ratlose Enttäuschung" ebenso groß sei wie die der Kommission.

Unter Verweis auf die Rechtslage erklärte ich nur, daß ich weder mein Manuskript freigeben noch auf mein Urheberrecht verzichten würde. Dennoch war der Amtschef nicht gewillt, mein Manuskript freizugeben, weil er keinen Präzedenzfall schaffen wollte.

Ich konterte mit dem Hinweis, daß der längst geschaffen worden war, und zwar dadurch, daß mir der damalige Leitende Historiker Messerschmidt meinen für Band 4 der Weltkriegsreihe vorgesehenen Beitrag schriftlich freigegeben hatte.

Als der Amtschef nun meinte, daß ich bei einer außerdienstlichen Veröffentlichung meines Manuskriptes, an dem ich viele Jahre lang[156] dienstlich gearbeitet hätte, auch noch Honorar bekommen würde, erklärte ich unverzüglich, daß ich auf ein solches vollständig verzichten würde.

Sofort hakte er nach: Das sei vielleicht der Ausweg: Honorarverzicht und Abgabe einer bestimmten Anzahl von Exemplaren an die Bundeswehr. Das solle schriftlich geregelt werden. – Dem allen stimmte ich zu.

Als er mich anschließend fragte, ob aus meinem Manuskript, wenn es unveröffentlicht im MGFA sei, unter Nennung meines Namens zitiert werden könne, empfand ich die Situation als etwas spaßig. Warum sollte, fragte ich mich stillschweigend, aus dem abgelehnten Manuskript in seiner ungedruckten Form zitiert werden? Doch dies behielt ich für mich. – Ich berief mich auf meine Autorenrechte und erklärte, daß ich mein Manuskript nicht freigebe. Ich schloß mit der Bemerkung, daß ich mich mit ihm gütlich einigen wolle, weil er mir gegen den Leitenden Historiker und den Projektleiter die Weiterarbeit ermöglicht hatte.

Auf die mir zu Beginn der Nachmittagssitzung gebotene Gelegenheit, Stellung zu nehmen, verzichtete ich wegen der Voten der Kommissionsmitglieder.

Die Frage des Kommissionsvorsitzenden, ob ich mein Manuskript ändern wolle, beantwortete ich mit einem klaren Nein. Zu seiner weiteren

---

156 Er sprach von zehn Jahren, ließ dabei jedoch unberücksichtigt, daß das Manuskript jahrelang unbesprochen liegen gelassen worden war.

Frage, ob ich die Anregungen der Kommission entgegennehmen wolle, erklärte ich, daß ich nichts ändern und bei meiner Konzeption bleiben würde.

Daraufhin erklärte der Kommissionsvorsitzende seinerseits, „daß nach Ansicht der Kommission das vorgelegte Manuskript – nicht wegen seines Umfanges, sondern wegen inhaltlicher Schwächen – sich nicht zur Veröffentlichung im Werk ‚Anfänge westdeutscher Sicherheitspolitik' eigne."[157]

Seine von mir mitgeschriebenen Worte hatten gelautet, daß die Kommission dem Amtschef empfehlen werde, das Wehrverwaltungsmanuskript nicht in die AwS-Reihe aufzunehmen. Es sei in dieser Form wegen seines Umfanges und seines Inhaltes dafür nicht geeignet. Der Band 4 werde ohne es erscheinen.[158]

Der der Kommission angehörende Historiker für Neuere und Neueste Geschichte fügte hinzu, daß sie sich „auch außerstande [sehe], eine Veröffentlichung in monographischer Form durch das MGFA gutzuheißen."

Nachdem er dies damit begründet hatte, daß es mit dem Prestige des Amtes zusammenhänge, riet er mir dringend, es nicht selbst zu veröffentlichen. Als Standardwerk sei es nicht ausreichend.

Um seiner Meinung größtmögliches Gewicht zu verleihen, empfahl er mir, sich selbst nachdrücklich als Wissenschaftler hervorhebend, abermals dringend, es nicht zu veröffentlichen. Es könnte kontraproduktiv für mich sein und mir in meinem wissenschaftlichen Ansehen schaden.[159]

Auf die Frage des Kommissionsvorsitzenden, ob ich mich dazu nicht äußern wolle, entgegnete ich nur, daß es ein ernst- und gutgemeinter Rat sei, für den ich dem Anreger dankbar sei.

---

157 Offiz. Protokoll, S. 5

158 Mitschrift, S. 6

159 Wie konnte jemand wie er, der vorher, ebenso wie alle anderen, mein Manuskript vollständig abgelehnt hatte, annehmen, daß ich seine „Empfehlung" als aufrichtig bewerten könnte oder sie gar beachten würde? Für mich war sie nur der durchsichtige Versuch, mich vom Publizieren meines Manuskriptes abzuhalten.

Mochte diese meine Äußerung ernstgenommen worden sein oder nicht – der professorale Rat war wertlos, für mich gleich beim Anhören[160] und mehr noch wegen der Feststellungen, die der Amtschef in einem Gespräch mit mir nach Beendigung der Sitzung traf.

Die Sitzung wurde mit den Worten des Kommissionsvorsitzenden abgeschlossen, der „die durch den Ausfall des Beitrages über die Entstehung der Bundeswehrverwaltung gerissene Lücke" als gravierend bezeichnete. „Um mit Sicherheit zu erwartender Kritik zu begegnen, müsse in der Einleitung zu Band 4 durch geeignete Ausführungen auf die Bedeutung der Reform [sic!] der Wehrverwaltung hingewiesen werden. Die Behandlung dieses Themas und anderer […]" solle „bei der Fortführung der Forschungen zur Geschichte der Bundewehr […] angekündigt werden. – Der Amtschef sagte zu, in seiner Einleitung zu Band 4 diesem Wunsch zu folgen."

Endgültig beendet wurde die Diskussion um meinen Beitrag mit dem Gespräch, das der Amtschef anschließend mit mir führte.

Die Kommission habe den 4. Band ohne meinen Beitrag gewollt – in Unkenntnis der Rechtslage / des Urheberrechtes. Er, der Amtschef, gebe mir mein Manuskript frei. Es würden Regelungen getroffen werden, daß ich beim Ausscheiden aus dem Dienst mein Manuskript zur persönlichen Verwendung mitnehmen könne. Er bejahte meine Frage, ob ich dies schriftlich zugesagt bekäme. Anschließend meinte er, daß ich genehmigen würde, daß von meiner dienstlich erarbeiteten Studie als von einem unveröffentlichten Manuskript durch Zitieren Gebrauch gemacht werden könne.

So geschah es. In einer vom Amtschef und mir unterschriebenen Amts-

---

160   Wieder einmal zeigte es sich: Pro captu lectoris habent sua fata libelli. Die Feststellung, daß sie sie nach dem Kopf des Lesers, d. h. nach seinem geistigen Fassungsvermögen, haben, wird dahingehend gedeutet, daß dies im Sinne eines von Lichtenberg geprägten Aphorismus gemeint sei. Dieser habe gefragt, ob es immer am Buch liege, wenn es bei dessen Zusammenstoß mit einem Kopf hohl klinge. Bartels, Klaus: Habent sua fata libelli. Geflügelte Worte aus der Antike. Woher sie kommen und was sie bedeuten, Darmstadt/Mainz 2013, S. 61–63

verfügung hieß es unter „Allgemeines", daß aufgrund des einstimmigen Votums der Kommission „Entstehungsgeschichte der Bundeswehr" am 16.05.1994 und der auf ihm beruhenden Entscheidung mein Beitrag nicht in den Band 4 AwS aufgenommen werde.

Unter Verweis auf die Bestimmungen des Urheberrechtsgesetzes („geistige Urheberschaft") und in Anwendung des höchstrichterlichen Urteils vom 29. Mai 1973 (Karlsruher Hochschulurteil) genehmigte mir der Amtschef als dem geistigen Urheber die persönliche Verwertung meines Manuskriptes.

Im Gegenzug erteilte ich dem MGFA die Genehmigung, „das nach wissenschaftlichem Arbeitsauftrag im Dienst angefertigte Manuskript zu verwerten, indem Zitate durch die Anmerkung gekennzeichnet werden: zit. nach H. Schustereit, ‚Partnerin der Streitkräfte', unveröffentlichtes Manuskript, Herbst 1993."[161]

Meine letzte Maßnahme in der Gesamtangelegenheit bestand in einem Schreiben auf dem Dienstweg an den Vorsitzenden des Beirates für das MGFA, den das Ministerium nach Beendigung meiner Auseinandersetzung um meinen Betrag zu Band 4 der Weltkriegsreihe berufen hatte.[162] Unter Beifügung von Unterlagen, anhand derer die Auseinandersetzung inhaltlich nachvollzogen werden konnte, bat ich ihn um Prüfung des dar-

---

161 Militärgeschichtliches Forschungsamt Amtschef 78 Freiburg i. Br.; 25. Mai 1994, Amtsverfügung Nr. 8/1994 – In seinem Schreiben vom 02.06.1994 stellte der Amtschef fest, daß ich meinen wissenschaftlichen Arbeitsauftrag gemäß seiner Weisung vom 24. November 1992 inhaltlich ausgeführt hatte. Dennoch erteilte er mir für mein Manuskript nun seinerseits nicht das Imprimatur. Der Sinn dieser Maßnahme war und blieb unklar, weil ich selbst es bereits früher nicht erteilt hatte. Dann genehmigte er mir seine außerdienstliche Verwendung. Auch wenn, wie er feststellte, mein Manuskript mein alleiniges geistiges Eigentum bleibe, würde ich mich verpflichten zu gestatten, „daß aus ihm in der vorliegenden ungedruckten Fassung in einer Weise zitiert werden kann, die jedes Plagiat ausschließt." Er schloß mit Bemerkungen über die Honorarfrage.

162 Laut Weisung des Bundesministers für Verteidigung zur Einrichtung eines Beirates für das MGFA vom 28. März 1985 konnte sich der Autor nach Ablehnung seines Beitrages an den Beirat wenden.

gestellten Sachverhaltes und festzustellen, ob das Vorgehen von Kommission und Projektleiter gegen mich einwandfrei gewesen war oder nicht, weil ich für mich absehbare negative Folgen beizeiten abwehren wollte.[163]

Nachdem ich nach anderthalb Monaten immer noch keine Antwort erhalten hatte, wandte ich mich abermals an den Vorsitzenden und erkundigte mich, ob der Beirat beabsichtigte, sich mit den ihm mitgeteilten Vorgängen zu befassen.[164]

In seiner Antwort teilte er mir mit, daß es sich bei meinem Anliegen „zweifelsohne um einen präzedenzlosen Vorgang in der bisherigen Praxis des Beirates handelt." Seine so lange ausgebliebene Antwort begründete er damit, daß es ihm erst vor wenigen Tagen möglich gewesen sei, mein Anliegen mit Mitgliedern des Beirates zu besprechen. Man sei sich darüber einig gewesen, daß es nicht Sache des Beirates sein könne, die Entscheidung eines anderen Gremiums zu bewerten oder in den Entscheidungsprozeß einzugreifen."[165] – Wie leicht hatte sich der Beiratsvorsitzende aus der Affäre gezogen!

Das Ministerium hatte seinerzeit einen Beirat bestellt, damit dieser bei zukünftigen amtsinternen Auseinandersetzungen klärend eingriff. Doch um dessen Anordnung unerheblich sein zu lassen, war nur die Existenz eines weiteren Gremiums nötig. Dies war die Folge aus seiner damaligen Entscheidung, keine sachlich wirklich angemessene Lösung durch die Schaffung eines Statuts zu treffen, sondern sie zu personalisieren[166] und damit dem Gutdünken einzelner zu überlassen. – Das war für mich das einzig Bedeutsame an diesem Vorgang.

---

163 An den Beirat für das MGFA, Freiburg, den 9. August 1994

164 Freiburg, 20. September 1994

165 Schreiben des Beiratsvorsitzenden vom 28.09.94. Eine Kopie seines Schreibens schickte er dem Amtschef.

166 Wenn danach ausgesucht wurde, wer den Nachweis seines „richtigen Bewußtseins" durch Publizieren im Sinne einer „progressiven" Geschichtsauffassung erbracht hatte, konnte damit gerechnet werden, daß das erwartete Verhalten den eigenen Anschauungen entsprach.

II.7. Die Publikation; ihre Rezeption

Nun ging es darum, einen Verlag zu finden. Zunächst wandte ich mich an denjenigen, der „Vabanque" herausgebracht hatte.[167] Da der neue Verleger sich nicht dazu entschließen konnte, meinen Beitrag zu publizieren, fragte ich bei einem anderen nach.

Kurz nach meinem Anschreiben an diesen traf ich zufällig den ehemaligen Projektleiter, der mich auf mein Vorhaben ansprach. Ich vermute, daß sich dieser Verlag, dem ich ja unbekannt war, wegen meines Themas beim MGFA erkundigt hatte. Wie es um über mich erteilte Auskünfte bestellt war, konnte ich mir denken: sicherlich nicht um eine Druckempfehlung. Um niemanden zu einem Triumph gelangen zu lassen, forderte ich mein Manuskript zurück. Vielleicht hätte ich es nicht getan, wenn nicht schon der vorher erwähnte Verlag zurückgewichen wäre.

Bei einem erneuten Versuch zeigte sich der Geschäftsführer interessiert und erbat die Zusendung des Manuskripts – und bald darauf die Übersendung eines stattlichen Druckkostenzuschusses. Nachdem er ihn erhalten hatte, blieb er so lange untätig, bis ich ihn beklagte. Die Rechtslage war so eindeutig, daß der Prozeß zu meinen Gunsten entschieden wurde[168] und ich die von mir gezahlte Summe in voller Höhe (einschließlich Zinsen) zurückerhielt.

Vor allem bedingt durch diese Jahre dauernde juristische Auseinandersetzung konnte die Arbeit erst lange nach der Druckfreigabe durch den Amtschef in einem soliden Verlag erscheinen.[169]

---

167   Dazu habe ich mich in meinem Beitrag „Autor und Verleger – Partner?" geäußert. Vgl. Anm. 78, op. cit. S.147

168   Amtsgericht München Geschäftsnummer: 121 C 24336/96, verkündet am 16.01.97

169   Deutsche Militärverwaltung im Umbruch. Von der Heeresverwaltung der Wehrmacht 1933–1945 über die Verwaltungsorganisation der EVG 1951–1954 zur Bundeswehrverwaltung 1955–1957, (Oberbaum) Berlin 2000

Nun zu einigen Rezensionen. Ihre Verfasser waren Wehrverwaltungsbeamte[170] und Wissenschaftler wie Rechts- und Verwaltungshistoriker.

Von allen Rezensenten wurde der zentrale Punkt, nämlich der durch ihre organisatorische Unabhängigkeit von den Streitkräften bedingte Zivilstatus der Bundeswehrverwaltung und die Gründe, die ihn bewirkt hatten, hervorgehoben.[171]

Während einer der Rezensenten diesen Sachverhalt nur kurz nannte[172], bildete er für einen anderen den Schwerpunkt.[173] Er beschäftigte sich vor allem mit meiner zentralen, von mir oftmals wiederholten Aussage, die Schaffung der neuen Wehrverwaltung sei politischer Natur gewesen. „Wirmer und andere hätten damit eine ‚gewisse' Kontrolle gegenüber dem militärischen Bereich ausüben wollen."

Auch wenn es „durchaus richtig sein" (!) mochte, „Wirmer und seinen zivilen Mitarbeitern eine solche Überlegung zu unterstellen", so sei es

170 Im Bereich der BWV ging es nicht nur um ihre Kenntnisnahme, sondern auch um ihren Erwerb, wie mir ein ranghoher Angehöriger der BWV (Präsidentenebene) sagte: Die Arbeit werde *geprüft,* und dann werde entschieden, ob ihre Anschaffung im dienstlichen Interesse sei (oder auch nicht).

171 In der Presse wurde das Thema nur im Zusammenhang mit einer Würdigung Wirmers erwähnt. Auffällig ist, wie sehr diese Ausführungen mit Blick auf die Rezensionen sowohl in formaler als auch inhaltlicher Hinsicht abfallen. Die wesentlichen bibliographischen Angaben – Titel, Erscheinungsort und -jahr – werden nicht erwähnt und anstelle des wichtigsten Problems wird ein anderes genannt. Blasius, Rainer: Ziviler Geist gegen grasende Generäle, Frankfurter Allgemeine Zeitung, Mittwoch, 29. März 2006, Nr. 75, S. 10

172 Autonomie der Wehrverwaltung, IfdT 06/2000 (Information für die Truppe Juni 2000), S. 46 f.

173 Als irritierend bezeichnet er, ein Wehrverwaltungsbeamter, mein Vorwort, weil in einer wissenschaftlichen Abhandlung „Berichte über Auseinandersetzungen des Autors mit seinen früheren Vorgesetzten fehl am Platze" seien. Neue Zeitschrift für Wehrrecht 2001, S. 423 f., Dr. Dieter Walz. – Im Bereich der Wissenschaft gibt es keinen Vorgesetzten, der einem Autor inhaltliche Weisungen, d. h. eine dienstliche Anordnung mit dem Anspruch auf Gehorsam, erteilen darf (Art. 5 Abs. 3 GG).

doch ärgerlich, daß ich versuchen würde, nahezu jede von mir zitierte Quelle in diese Richtung zu deuten.[174] Insgesamt gesehen lief die Kritik dieses Rezensenten darauf hinaus, dem Handeln Wirmers, den er zutreffend den „Vater der Bundeswehrverwaltung" nennt, zuzustimmen und es zu rechtfertigen.

Das Schlußurteil kann daher nicht verwundern: „Wer die Entstehungsgeschichte der Bundeswehrverwaltung nachlesen und sich über manchmal recht eigenwillige und einseitige Interpretationen des Quellenmaterials ärgern möchte, dem sei dieses Buch empfohlen."[175]

Ein weiterer Rezensent nennt zunächst seinen Gesamteindruck, bevor er inhaltlich zur Sache kommt. Seine Behauptung, daß ich mich in meiner gesamten Arbeit dem Zwang ausgesetzt gesehen hätte, dem Projektleiter[176] fehlende Sachkenntnis nachzuweisen, ist unsinnig. Dennoch betont er seinen deswegen gewonnenen Eindruck, daß die von mir „erwartete notwendige Objektivität gelitten" habe.[177]

Die inhaltsbezogene Kritik bezieht sich auf meine Ausführungen über die Gründe dafür, durch die neue Gestaltung der Wehrverwaltung „das Prinzip der Gewaltenteilung auch in der Bundeswehr selbst einzuführen", und die Auseinandersetzung mit ihnen. Insbesondere geht er auf den Punkt „Kontrolle der Streitkräfte durch die Wehrverwaltung" ein. Er bezeichnet es als gewagten Schritt, wegen der Übertragung von Verwaltungsaufgaben auf die zivile Wehrverwaltung „zugleich auf eine

---

174 Der Rezensent hielt es „zumindest für wissenschaftlich fragwürdig, wenn jedem Zitat die (subjektive) Deutung durch den Autor auf dem Fuße folgt." – Nanu? Wurde ich früher deswegen kritisiert, daß ich zu viel referieren würde, geschah dies jetzt, weil ich zu viel interpretierte. – Insgesamt gesehen ist es die Kritik eines Befürworters der von Wirmer entwickelten Konzeption.

175 NZWehrr 2001, S. 43

176 Auch dieser Verwaltungsbeamte bezeichnet ihn unzutreffend als Vorgesetzten.

177 Bundeswehrverwaltung Fachzeitschrift für Administration 2001, S. 191 f. Ministerialrat Klaus Eiben

damit verbundene Kontrolle der Streitkräfte durch diese Verwaltung zu schließen."[178] –

Natürlich besaßen auch und gerade die Truppenverwaltungsbeamten, die diese Art von Aufgaben erledigten, eine Kontrollfunktion, weil sich diese durch ihre Tätigkeit zwangsläufig ergab. – Hat Wirmer das gewollt oder nicht? Falls nicht, hat er sie zwar unwillentlich, aber dennoch *bewirkt*.[179] –

Von der bisher geübten Kritik unterscheiden sich die auf fachlicher Kompetenz beruhenden Ausführungen weiterer Rezensenten deutlich.

So wurde auf die grundlegende Bedeutung des Art. 87 b GG bis hin zu den auch heute noch spürbaren Nachwirkungen hingewiesen, die sich aus ihm ergeben haben. Alles das, so diese Bewertung insgesamt, „mag konzeptionell und organisatorisch seine Berechtigung haben, führt indes zu einer Vielzahl von Abgrenzungsschwierigkeiten und wohl auch zu praktischen Problemen. Jedenfalls ist die Regelung, die das Grundgesetz getroffen hat, in erheblichem Umfang interpretationsbedürftig geblieben." Zusammenfassend wird geurteilt: „Daß die offensichtlich sorgfältige wissenschaftliche Arbeit des Verfassers ihren eigenen Wert hat, wird aber kaum jemand bestreiten können."[180]

Eine unerwartete Anerkennung meiner Forschungsergebnisse erfuhr ich durch das Schreiben eines in Fachkreisen hochangesehenen Juristen[181], der an einer süddeutschen Universität Staats- und Verwaltungs-

---

178 Ebd.

179 Welche der beiden Möglichkeiten zutrifft, läßt sich, wenn überhaupt, erst nach Auswertung seines Nachlasses feststellen. Dieser war mir nicht zugänglich, weil er bis zum Ende 1999 gesperrt war.

180 Mit den unmittelbar anschließenden Worten „Zudem ist es ein Buch zur ‚richtigen Zeit'" wurde auf die „schwierigen Überlegungen" angespielt, die wegen der Umstrukturierung der Bundeswehr zum damaligen Zeitpunkt anzustellen waren. Die Öffentliche Verwaltung (DÖV), September 2000, S. 792, Prof. Dr. Eberhard Laux, Landrat a. D.

181 Er beriet Bundesverfassungsrichter in Karlsruhe.

recht sowie Öffentliches Wirtschaftsrecht lehrte. Er teilte mir mit, daß er die Militärverwaltung ab jetzt in seiner Verwaltungslehre berücksichtigen werde.

Ein ausländischer Wissenschaftler[182] schrieb mir, daß er sich besonders für den EVG-Teil interessiert habe, vor allem mit Blick auf die Organisationsstrukturen der eidgenössischen Streitkräfte.[183]

Nun – die Arbeit liegt vor, und jeder Interessierte kann sich selbst sein Urteil über sie bilden.

---

182 Er lehrte an der Eidgenössischen Hochschule (ETH) Zürich Betriebswirtschaftslehre und war zudem ein General der Schweizer Armee.

183 Dies empfand ich als Bestätigung der sachlichen Angemessenheit meiner Konzeption von neutraler Seite. Denn hätte ich der „Empfehlung" der Kommission über die ihrer Meinung nach viel zu lange Darstellung dieses Teiles entsprochen und *nur über* die EVG geschrieben, hätten so viele der bisher unbekannten historischen Fakten wegfallen müssen, daß mit dem Übriggebliebenen kaum noch etwas anzufangen gewesen wäre.